識認
場真
16

加密貨幣的政治與經濟

比特幣、以太坊、穩定幣和臉書幣將如何改變全球金融系統

CRYPTOCURRENCY

How Digital Money Could Transform Finance

GIAN VOLPICELLI
吉安・沃爾皮切利／著　翁尚均／譯

國內各界專業人士好評推薦

加密貨幣漸已成為主流，交易平台Coinbase上市、薩爾瓦多將比特幣列為法幣、中國推動主權數字貨幣，都是重要趨勢，身為台灣人不能不了解！

——黃齊元　藍濤亞洲總裁

本書能夠讓你對各種類型的加密貨幣緣起、核心價值與衝突，以及它們的未來，有更完整了解。

——許繼元　Mr.Market市場先生／財經作家

了解加密貨幣最該讀的一本書！被投資熱隱沒的核心內容，這才是我認為宏觀區塊鏈發展的應有認知。

——Wade Kuan　鏈新聞主編

下一個會顛覆金融與商業的技術肯定是區塊鏈、加密貨幣，與智能合約了，現在正是在新時代來臨前做好準備的緊要時刻。

——戴東華　台灣API標準暨區塊鏈發展協會理事長

本書用產業發展時序的方式，針對幾個區塊鏈產業中重要事件做了現今金融、政治、文化思想上的碰撞與探討，引導讀者裝上區塊鏈及密碼龐克的腦袋來看這世界的一切。請注意，這將會是一趟極度有趣又無法逆轉的旅程，請綁好安全帶，讓我們一起重新體驗這世界。

——陳泰谷　NFT平台Fansi共同創辦人暨執行長

一般人只把加密貨幣視為另一種樂透彩，為什麼卻讓中、美等大國認為不能等閒視之，甚至覺得會動搖國本？特斯拉CEO馬斯克又為何推崇備至？本書有相當全面的解答。

——張繼聖　T客邦總編輯

隨著作者妙筆回顧區塊鏈的源頭，時代振奮起自由的靈魂，你將明白自身正在參與數位民主的浪潮，見證新一代網路的誕生。

——Justine Lu　Lootex 共同創辦人暨執行長

這時代的革命或非槍砲彈藥與政權顛覆，而是由區塊鏈技術引領的貨幣與金融技術革新。本書客觀詳實地從宏觀層面剖析比特幣至去中心化金融的加密貨幣發展史，我們每個人正經歷的大時代。

——Vins Lai　DeFITs Capital 創辦人暨執行長

在所見與區塊鏈相關的中文書籍，有些是偏向技術、學術、智能合約的撰寫，另一些則為加密貨幣投資書籍。本書是難得一見的，它言簡意賅闡述了區塊鏈歷史的來龍去脈。從過去的比特幣密碼龐克文化、以太坊的崛起，到大ICO時代。本人相當推薦本書給初次接觸區塊鏈的新手，無論是要學習程式或是第一次投資，這本書將簡要地引領你了解區塊鏈發展史的全貌。

——陳伯韋　密碼龐克台灣發起人／比特幣中文社團共同創辦人

二十年前，電子書與數位出版浪潮襲捲了傳統書店與紙本出版產業，電子書閱讀器已正式進入我們的閱讀世界，並占有重要的一席之地。去中心化的科技對人類社會的影響已非新鮮事，二十年後，區塊鏈與加密貨幣巨浪正衝擊著各國的貨幣管理與經濟政策，這是一場人類文明的革命進行式。

——簡陳中　商業發展研究院國際數位商業研究所研究員

目次

導論／9
第一章　比特幣／13
「加密」概念是如何開始的？　15
白皮書　23
起飛　35
未竟之業　40
第二章　以太坊／47
跨入以太幣　49
自主汽車　59
代碼即是法律　65
第三章　首次代幣發行泡沫／77
魔錢狂潮　79
獨角獸企業的泡沫　84
法律就是法律　92

第四章　穩定幣與金融／101
長期持有、連帽衫和西裝　103
追求穩定　108
去中心化金融　116

第五章　天秤幣／129
臉書幣　131
自由的天秤幣　136
起床號　142

結語　加密交易平台／147
名詞解釋　157
注釋　169
中英名詞對照　187

導論

你也許會問：「什麼是加密貨幣？」這個問題，就像下任何定義時經常會發生的那樣：答案不只一個。加密貨幣是新創技術中一個蓬勃發展的領域。它是一種數位現金，是一種「幣」，例如比特幣、以太幣或門羅幣。加密貨幣可以成為從犯罪和貪汙中獲利的手段。就其本質而言，加密貨幣是一種利用加密技術、且在不依賴任何中介者的情況下，藉由網路交換價值單位的方法。透過加密貨幣，某甲可以任意發送一個價值單位給某乙，無須銀行、支付公司，或任何類型之機構插手。完整的匯款流程由分散的電腦聯合起來確保，其中不管哪一台電腦都無權自行阻止或操縱付款。

已運作了幾個世紀的傳統金融體系，是由金融中介機構和第三方實體建構和維護的管道來確保交易的誠信，而加密貨幣即是對此體系的挑戰。此外，它還設想各種方法，以躲避政府的視線和觸角，以利貨幣（或貨幣替代物）的移轉。最終結果便是去中介化，亦即在交易和溝通的過程中盡可能去除人為涉入，保持點對點的直接關係（至少初衷如此，然而在許多情況下，技術的現實面並非如此完美）。看得出來，答案已經慢慢從技術領域轉向政治哲學領域了。事實上，加密貨幣是一項政治計畫，也是一項金融計畫。它的另一個關鍵目標是去中心化，其觀點是：系統不應由一個或少數幾個行為者把持。與去中介化一樣，去中心化是網路時代的典型特徵，比如，現代的從政者努力要避開媒體和事實核查機構，就用推特來打動選民，又或者像具有長尾效應的電子商務，已使許多實體商店被人遺忘。這就是為什麼偶爾加密貨幣會被定義為「網路貨幣」。

本書嘗試回顧加密貨幣的發展進程，並詳細闡述這些不同的答案。下文將講述它的歷史，從它三十年前的肇端一直到新近的發展。本書是加密貨幣演變的編年史，將說明推動它前進的原理，以及介紹發明和構建它的人的作為。本書共分五章，每一章都專門論述加密貨幣史上的一個特定時代（在這領域，「時代」不過是幾個月的工夫）。我將盡可能詳細地回答這個問題：「什麼是加密貨幣？我為什麼要關心這個問題？」

大家做好準備，這段旅程可有一段路途。

第一章

比特幣

「加密」概念是如何開始的？

加密貨幣起源於一項政治計畫。財經報導或金融專業網站報導比特幣或以太坊時，大部分的重點都放在這些數位貨幣面額微小的波動，以至於很容易便忘記這一特點。當大家盲目投機虛擬貨幣時，當價格的曲線走勢出現荒謬的峰谷跌宕時，當加密貨幣狂熱的擁護者急躁地貼出推文時，我們實在很難看出其中有什麼一以貫之的意識形態在起作用。

然而，看待加密貨幣的一種方式，是將其視為長達數十年之實驗的終點，而這實驗的目的在於推出可能破壞「政府」此一概念的技術，換句話說，即是無國界的數位現金。

追求此一目標的人自稱為「密碼龐克（cypherpunk）」，這是一個由技術專家、學者和思想家組成的鬆散聯盟，他們於一九九〇年代初開始在舊金山灣區開會，後來這名稱就在密碼龐克的郵件討論群中定了下來。當數位科技與自由意志主義混合在一起時，其結晶便是密碼龐克了。在他們眼中，網路必將成為自由、自主、連結，以及不受限制之共享知識的空間。政府是威脅這幅理想遠景的因素，因為政府將想方設法控管網路，並利用它來監視用戶，最終將其重新建構為一個扼殺自由的全球環景監獄。這就是強大的加密技術發揮作用的地方了。密碼龐克期盼加密電子郵件、匿名網路和安全認證系統等工具可以讓網路用戶在政府的眼前隱形，並可以避開任何奧威爾式監控的跡象。長遠來看，加密技術的普遍運用，會削弱國家法律規範在網路空間的實質作用。資訊將能自由流動，而線上市場（銷售的東西五花八門，從受版權保護的音樂檔案到產業機密都有）將在整片網路天地中蓬勃發展。

此一理想的終極場景便是「加密無政府狀態（crypto-anarchy）」，而這個詞是由一位居領導地位的密碼龐克兼英特爾科學家的提摩太．梅伊，於一九九二年在一本題為《加密無政府主義者宣言》[1]的小冊子中新創的術語。正如梅伊後來在一篇更長的文章中所解釋的那樣[2]，無政府狀態代表政府的崩解以及「無外部統治者和法律的政治秩序」的出現，而「由自願機構所提供的自願協議（……）將是唯一的治理形式。」「加密無政府狀態」中的「加密」雖是對「加密法西斯主義」這種政治汙點視而不見，但也是一種嚴肅的承認，承認加密技術所扮演的角色，而此角色就是觸發一種隨著網路空間變得日益重要而發展出來的系統，一種泯除國界的、基於自願（雖是匿名）之自由貿易的系統。其結果是，今天我們所認知的政府形式將走入歷史。沒有國界，沒有法律，無須繳稅。

並非所有的密碼龐克都像梅伊一樣強烈反對政府。他是一位激進的理論家，其政治寓言最終可能會落入極右翼的範圍。但起碼郵件討論群中七百多名訂閱者大多數（其中包括英國商人亞當．貝克、免費軟體理論家理查．斯托曼和未來維基解密的創始人朱利安．阿桑奇）[3]都認為隱私是可貴的，監視是危險的，並且夢想一個絲毫不受政府監督干預的網路。

當密碼龐克開始勾勒願景時，其中有些環節即已落實。「優良保密協定

（Pretty Good Privacy）」是一個於一九九一年推出、用來加密線上通訊的程式。「匿名郵件轉寄程式」則是能將電子郵件分流到目標收件人手上，同時又能保持發件人不曝光的系統，也開始流行起來，增加了更多層的匿名保障。但有一點仍待研發，那就是匿名電子貨幣。

密碼龐克強調自由意志至上的結果，就免不了要面對「自由市場」這個自由意志主義的關鍵問題。在梅伊看來，網路空間不僅要成為一個不受阻礙的匿名交流論壇，而且還是一個可以交易各種（合法的，但尤其是非法的）商品、服務和訊息的市場。[4]這就連帶產生一個問題：這類交易應該使用哪一種貨幣？銀行或信用卡公司提供的電子支付系統顯然不是選項，因為這些機構要求付款人和收款人的真實姓名，這一要求便不符合密碼龐克推崇匿名身分的立場了。更不利的是，他們可能會因留下紀錄而被政府傳喚，接受偵訊，或者如果牽涉到非法交易，還會被當局起訴。正如另一位密碼龐克的創始人埃里克·休斯於一九九三年在線上發表的一篇文章《密碼龐克宣言》所言：「開放社會中的隱私權需要匿名的交易系統」。[5]休斯補充道，在一般情況下，該功能可由現金加以執行。

但現金也不理想，其缺點不可勝數，有些是物質面的：網路空間的匿名市場竟要以郵局寄出的成堆鈔票來挹注動能，這樣豈不荒謬？或者交易雙方面對面交付現款，但這選項風險更高，更不可取。其他缺點則是觀念性的：即使並非所有的密碼龐克都渴望政府徹底消失，但他們當中有許多人十分贊同奧地利經濟學派的觀點。[6]該學派在十九世紀末、二十世紀初於維也納達到成熟階段，成員包括瑪格麗特．柴契爾的心頭好、思想家弗里德里希．馮．哈耶克。該學派譴責政府發行的貨幣，因為其成員認為，貨幣應該具有某種穩定的內在價值，就像黃金和白銀一樣。若貨幣不具此種特質（就像現代貨幣的情況一樣，其價值是政府說了算，而不是依其可兌換成的貴金屬來定價值），這群奧地利人擔心，中央銀行的政策會任意增加或減少貨幣的價值，並且，此舉會令債權人在通貨膨脹中受損，而令債務人在通貨緊縮中吃虧。哈耶克在他的著作《貨幣去國有化》[7]中提出一種擺脫這種困境的方法：允許公民和私人組織等發行自己的貨幣，讓它們相互競爭並與政府法定貨幣一較高下，並讓使用人自行決定以哪種貨幣進行交易。根據哈耶克的論點，這將導致最合適的幣別勝出，此即一種其價值不會因政府放任通貨膨脹的怪念頭而貶值的貨幣。

因此，密碼龐克需要的不是現金或銀行發行的電子貨幣。他們企盼的是一種新東西，結合鈔票的匿名性與電子貨幣轉賬的快速性以及通行全球的便利性，可能還加上奧地利人渴求的穩定性。但那可不容易。

發行這種貨幣的第一個挑戰就是被稱為「一幣多付」的問題。如果你嘗試創建數位現金單位，最終可能創造出類似檔案的東西，它可能以一串字符作為唯一的識別碼，就像鈔票上的序列號那樣。但是，鈔票是由原子組成的，而我們虛擬的數位鈔票卻由位元組成，於是這就衍生出一個問題。紙質鈔票在易手的那一刻就確實被花出去了，要麼你有一張十美元的鈔票，要麼沒有；然而一個檔案是可以多次發送給多個受款人的。一個不誠實的數位現金用戶可能會一而再、再而三地以同一個單位貨幣進行支付，此即所謂「一幣多付」的現象。這對任何設法建立物有所值之支付體系的人而言，簡直是一種實質的威脅。解決此問題最直接的方法，便是讓第三方的仲裁者記錄交易、放行合法交易，同時撤銷一幣多付的買賣。[8]這基本上是銀行所負責的。

但這引發了另一個問題：集中化。將仲裁者或銀行置於支付網路的核心地位，不僅與密碼龐克的加密無政府主義精神背道而馳，而且還造成了電腦科學家所謂的「單點故障」，這對於系統自身的存在影響太大了。集中化的機構可能會被駭客入侵，會被敵對勢力滲透，或者只是被政府強行阻止某些商品的交易（主要是毒品和槍支，但也可能是沙烏地阿拉伯或中國眼中的禁書），從而無可挽救地摧毀梅伊的自由市場烏托邦。針對這點，解決方案之一是不將系統的運作委託給單一方，而是交付給一個更大的、開放加入的獨立仲裁網。[9]在這種去中心化的模式中，仲裁者會記錄每一用戶所擁有之數位現金的數量、放行合法買賣，同時阻止那些會導致付款人的餘額由正轉負的交易。

然而，這反過來又引發了另一個問題。在網路空間中（或者至少在密碼龐克認知的版本中），每個人都是匿名的，而且你也無法檢查仲裁方的身分。這使得你無法判斷攻擊方是否正在操縱一支傀儡大軍，以積累批准交易所需要的多數決，進而批准本來不應該批准的付款，對系統的公信力造成嚴重的損害。為避免這種情況，於是大家拿出權宜之計：一方面讓仲裁網保持開放、任人加入的狀態，以達到去中心化的目標，使有心人更難攻擊系統；另一方面，參與該系統的人在財務上也共同承擔風險，以便任何犯罪組織或政府機構都無法輕易闖入、進而扭曲其功能；儘管如此，它又不能太貴，或者至少它必須有一些激勵措施，否則沒人會自願當仲裁。問題是：這種微妙的平衡能否實現？

從一九八〇年代中期開始，密碼龐克一直在努力解決上述那些以及其他的問題。他們一點一點接近找出解決方案的目標。加密技術專家大衛・休姆（雖然他不是密碼龐克郵件討論群的訂閱者，卻仍被視為密碼龐克的始祖）和亞當・貝克、尼克・薩博、哈爾・芬尼（重要的優良保密協定開發人員）、戴維等密碼龐克都加入了關於如何創建數位現金（也稱為加密貨幣）的交流對話中，因為加密技術可以保證其不受侵犯。在某些情況下，他們的想法還停留在紙上，但在其他情況下，這些想法已演變成現實世界的計畫甚至開辦了公司（儘管這些公司存在的時間並不長）。但這些行為中暫時沒有一個引爆點，足以推動數位現金成為主流。這局面在二〇〇八年發生了變化。

白皮書

網路歷史上數一數二有影響力的文獻在二〇〇八年的萬聖節出現了，而當時世界仍處於次貸危機爆發的陰影中。

有一封發送到加密郵件討論群（其訂閱者中有幾位是創始人身分的密碼龐克）的電子郵件寫道：「我一直在研究一種完全點對點的電子現金新系統，無須公正第三人介入的系統。」（全文請參考：http://www.bitcoin.org/bitcoin.pdf」）該份電子郵件署名「中本聰」。

中本聰是化名。儘管有記者的努力，又有網路上的調查以及自稱中本聰的人出現，但此一化名背後的真實身分仍是個謎。在他（或她）寫下最後一行字的數年後，中本聰已經脫胎成為網路的傳奇人物，甚至是網路世界的先知，以致到了二〇二〇年，《大西洋雜誌》[10]上的一篇文章將中本聰比作約翰・提托（一個自稱能預測世界災難的時間旅人，其言論於二〇〇〇年代初期在網上累積了大量追隨者）以及在網路上散播令人憂心之陰謀論的「匿名者Q」。然而這些化名人物和中本聰是有差別的：約翰・提托和匿名者Q創造虛構情節，他們之所以聲名鵲起是因為掌握了訣竅，編造出能滿足追隨者想像力的奇幻故事（此外，匿名者Q甚至鼓動追隨者訴諸暴力）；但中本聰是一位發明家，他（或她）創造的是一個十分具體的工具，儘管他常常發表關於網路和金錢應該如何運作的文章。如果我們拿預言家來比喻，約翰・提托和匿名者Q是兩個邪門小教派的領袖，而中本聰則是摩西，將律法石板授予長期以來一直等待數位現金出現的密碼龐克。這些石板就是所謂的「比特幣白皮書」。[11]

中本聰發送到加密郵件討論群的那份九頁文件，標題為〈比特幣：點對點電子現金系統〉，是一張創建無國界網路貨幣、技術成色很高的簡潔藍圖。中本聰顯然精通密碼學，也讀過重要的密碼龐克著作（參考文獻包括亞當・貝克和戴維）。那麼他（或她）的計畫是什麼？比特幣究竟是什麼？

比特幣是中本聰提出的數位支付網，以及在其上交換的數位現金與實現這種交換的軟體名稱。後來，這個詞有時會被用作一般加密貨幣的簡稱，或者形容對於此項技術潛力的獨特心態，例如「比特幣極端主義者」。

且讓我們先定格在上述的第一項含意，從一個平凡無奇、但較好理解的比喻開始，也就是將比特幣視為金錢電子郵件。但這可不是普通的電子郵件，而是一種稱為「公開金鑰加密電子郵件」的東西，一種提供更強隱私性的電子郵件。若要以這種方式發送電子郵件，發件人需要兩組長長的數位代碼：第一個是「私鑰」，使用者須慎加保密，以杜絕駭客和冒名行為，使用者可以在無法被冒用的條件下，利用這組密碼代替簽名發出訊息，證明其出自本人之手；第二個是收件人的「公鑰」，相當於一把數位掛鎖，可以用它來隱藏發給特定收件人之電子郵件的內容，避免他人窺探，而且這種郵件只能用收件人自己的私鑰來解鎖。中本聰的計畫便是以類似方式運作的。擁有一定數量之數位現金（比特幣）的人需要一把私鑰才能花用它，同時也需要收款人的公鑰（實際上，通常是前者的縮略形式）才能將錢轉到對方的帳戶中。這種流動通常透過所謂「錢包」的設備、軟體或應用程式進行管理，其中包含用戶的公鑰和私鑰。

根據密碼龐克的規範，任何人都可以在不透露身分的情況下使用比特幣（雖說隨著時間的推移，這點越來越難實現）。另一方面，所有的付款行為都是公開的：無論誰都可以看到某個匿名錢包向另一個匿名錢包支付了多少錢。這是「比特幣就像電子郵件」這樣的比喻最站不住腳的地方。它和電子郵件畢竟不同，比特幣不會直接從付款人**發送**給收款人。寧可說付款人創建了一筆「交易」。在中本聰的設計中（不過情況後來另有發展），那只是一堆數據的組合，包括有關付款人和收款人的訊息、比特幣易手的數目以及付款人當初取得該筆金額的交易代碼（等於一種數位權狀）。交易會在一個仲裁網上公布出來，以符合密碼龐克防止一幣多付卻又不須集中化的權威機構來監控的初衷。就比特幣的情況而言，會有一大堆運作比特幣軟體的電腦，每一部就稱為一個「節點（node）」。不管是誰，只要擁有筆記型電腦、可以上網又對加密貨幣感興趣，都可以建立一個節點。每個節點都負責維護一本線上總賬（ledger）的相同副本，詳細記載網上曾經執行過的所有比特幣交易，等於一個所有權鏈，記錄每一用戶在特定的時間點上擁有多少數量的比特幣。一筆新交易公布時，這消息會在網路上傳播開來，然後經過節點一個接一個地檢查總賬，確認付款人是否真的擁有他們正要花掉的比特幣。如果正確無誤，那麼交易將獲批准，不過還不會立即確認。

確認這些交易並在總賬中登錄所有權的變化，這就是特定子節點（subset of node）的工作，稱為「挖礦節點」或「礦工」。這個詞在《白皮書》中只出現過一次，用來比喻經營節點的人，而根據中本聰的說法，節點「類似於花費心力以增加黃金流通量的礦工」。要理解這一點，請各位回想一下，密碼龐克在決定採用分散式的仲裁結構而非單一中介者時所考慮的問題。你會希望盡可能開放讓更多人進入仲裁網，因為比特幣網路上的節點越多，政府就越難鎖定其中一個以阻止交易的進行。但是如果不費吹灰之力就可以登入，那麼心懷惡意的人即可能劫持系統。

因此，中本聰確定，要完成這種交易需投入高昂成本。礦工必須將數以百計的有效交易收集打包成束（稱為「區塊」），並且相互競爭，爭先恐後將其附加到總賬中。為了取得這項特權，礦工必須解決一個散列函數上的數學難題。這是一種演算法，可以將任何數據塊（從「Hello, world」到整套《魔戒》三部曲）轉換為標準大小的雜湊（hash，或稱「數位字列（string of digits）」）。雜湊在密碼學中很流行，因為雖然將數據轉化為雜湊很容易，但從雜湊反推出數據的逆向工程，幾乎是辦不到的。比特幣礦工必須將區塊的交易數據轉換為二百五十六位元的雜湊，此外還須符合額外的規定（而這就是難題的所在了）：要以一定數量的零作為開頭。為了滿足此一條件，礦工不得不在交易數據中添加了一個額外數字（稱為nonce，意即「只能使用一次的隨機數字」），並期待它能回送正確的結果。那麼他們是怎麼找到那數字的？就是玩猜猜看。一個挖礦節點會快速地、連續地自動過濾隨機數字，直到它碰巧找到答案為止。

進行這些處理都需要強大的電腦容量和高度的供電能力。所以中本聰才會說，礦工在「消耗資源」，以及這個系統為什麼會被稱為「工作量證明」的原因。當然，經營挖礦節點的人並不是出於利他主義而大燒其錢的，他的目的其實在贏得獎項。第一個破解謎題的挖礦節點會立即通知其他礦工，然後檢查區塊包含的是否為有效交易，若是，則據此更新自己的總賬。其他節點也會比照辦理，總賬就會在網路上全面更新。勝出的礦工會獲得一定數量的比特幣，此即中本聰所比喻的「黃金」。該筆獎勵的數額每四年就會被對砍一半，因為中本聰決定比特幣的總存量應有上限：兩千一百萬枚。此外，礦工還可以從要求優先處理交易的用戶那裡收取少量的比特幣費用。（一旦最後一個區塊被開採完畢（大約二一四〇年左右），礦工的獎勵則完全由交易費用組成）中本聰的代碼具有濃厚的政治宣言。比特幣的構思是屬於奧地利學派的：它與金本位掛鉤，又使貨幣去國家化，而且至關重要的是，它還提供了一套自動吐錢的運算法（以前通常只有中央銀行能夠增加或減少貨幣儲量）。

中本聰二〇〇九年初在「對等網路基金會」論壇上的一篇文章[12]中寫道：「傳統貨幣的根本問題在於，要讓它發揮作用得須先信任它。大家須先相信中央銀行不會令貨幣貶值。然而回顧法定貨幣的歷史，辜負此種信任的例子不勝枚舉。」這預示「信任」將成為加密貨幣的核心議題。然而，此一斬釘截鐵的陳述只零星出現而已。中本聰曾在發送給「密碼學郵件討論群」的一個文件中打趣道：「如果我們能恰當地解釋（比特幣），那對自由意志主義者的論述將非常有吸引力。不過我比較擅長的是訂定遊戲規則而非文字論述。」[13]

然而，這些規則非但在意識形態上清晰無比，也是實利主義的、傾向折衷妥協的。杜倫大學專門研究去中心化技術的助理教授賈亞・克拉拉・布雷克指出[14]，雖然比特幣的挖礦意味一種「貨幣商品理論」，貨幣和黃金一樣，都具有內在的價值，然而系統的總賬——其中個人的財產以網路上全球資產負債表中的條目呈現——卻表明相反的觀點，而布雷克則稱之為「貨幣信用理論」。

但遊戲規則會不斷演進。就以挖礦為例。白皮書並未區分節點和礦工：所有的節點都在挖礦。今天，大多數的節點已不挖礦，只保留總賬的副本，擔任交易中繼站的角色並令其壯大。這是因為礦工必須破解的數學難題隨著時間的推移變得越來越困難，導致解題的成本節節攀高。早期的業餘愛好者用筆記型電腦就可以挖礦，時至今日，挖礦變成一種事業，需由大量超級專業的伺服器執行，而且這些伺服器也被移轉到電費比較便宜的國家或地區了。雖然人家支持的「中本聰願景」後來變成了一種崇拜，但自二〇〇八年萬聖節以來，比特幣的規則已經歷了多次辯論，同時被升級、被修改。上述故事只是其中一例。

不過，這種緊張是無法避免的。比特幣必須進化。與此同時，其中一些不會改變的概念也在系統中變得根深柢固，作為其骨幹的總賬（當然也可稱為「區塊鏈」）即為一例。[15]在白皮書中，中本聰簡單稱其為「鏈」，原因是每個被挖掘出來、由大多數礦工和節點驗證並添加到總賬中的區塊，都與前一個區塊密不可分，就像金屬環扣上另一個金屬環那樣。正如每一筆交易都會載明付款人之前是從哪筆交易獲得該筆金額的，每一區塊也都包含對前一個區塊的加密指涉，然後依此類推，上溯到有紀錄以來所挖掘出的第一個區塊。

此一架構可防止攻擊者竄改過去的交易紀錄，防止一幣多付有機可趁。任何企圖操縱舊交易的人，不僅必須重新挖掘交易的那個區塊，還必須重新挖掘在它之後的所有區塊，因為後繼的數據都有記載了這個被駭客入侵過的區塊。但這絕非一樁易事，因為產生一個新區塊平均需耗時十分鐘，而當攻擊者嘗試重新挖掘一個區塊時，其他礦工可能會向區塊鏈添入一個新的區塊。每當攻擊者在苦心竄改過去記錄的所有區塊時，每隔十分鐘就會又彈出一個新挖掘的區塊，如此便大幅增加了竄改的難度。為了讓該機制發揮作用，中本聰在遊戲規則中建立了一個條件：挖礦節點一定要將新區塊附加到最長的鏈上，否則，惡意礦工便可以好整以暇地重新挖掘他們想要更改的區塊，並誘使其他礦工在較短的、動過手腳的鏈上跟隨他們。（駭客也可能透過部署足夠的計算能力來接管大多數的挖礦節點，以竄改破壞總賬，這種場面即被稱為「百分之五十一的攻擊」，不過這麼做的工作量，會令這種攻擊過於吃力，而且回報相對不足。）中本聰計畫中的一切考量，目的在於確保交易不會被封鎖、審查或是逆轉，當然，對一般害怕被詐欺的使用者來說，這樣的交易方式讓人不安心，但對密碼龐克來說卻是一個可觀的勝利。

是什麼賦予了比特幣價值？它與一九七一年之前的美元不同，其價值並非由黃金儲量來支撐。但它也與一九七一年之後的美元相異，因為比特幣的價值也不是建立在政府言之鑿鑿上或是隨之而來、作為可被接受之納稅媒介的保證上。從持平的觀點來看，比特幣今天的價值是由線上交易的供需滿足所決定的，但是卻以政府所發行之貨幣的金額出售。每筆交易都根據平台上的平均交易量而產生不同的美元價格。這就是為什麼儘管比特幣的價格在所有平台上通常落在同一範圍內，但交易者在進行不同的交易時仍享有一定的套利空間。

然而，上述關於技術層面的解釋，還是沒回答為何人們願意花錢買比特幣。鑑於比特幣及其使用方式自首次亮相以來即不斷發生變化，而且關於這一點的辯論非常激烈，並且方興未艾。不過，中本聰於二〇一〇年在線上發表了一篇帖子，讓我們對他（或她）認定的比特幣價值有了一番了解。在該帖子[16]中，中本聰假設存在一種稀有金屬，它除了可以輕易從某甲轉讓給某乙外，便一無是處，接著他說：「如果（這種金屬）不管以什麼方式獲得價值，那麼任何想要遠距離轉移財富的人，便可以買下一些，將它移轉出去，然後讓收貨者出售它。也許它可以在流通中獲得初始的價值，因為人們預見到它在交換上可能具有實用性。」

換句話說，這完全是符合比特幣的屬性。就像選擇黃金作為交換媒介，其利基在於稀有性、光澤度、延展性和耐腐蝕性等，比特幣的價值應該來自於買賣可以在不被凍結或撤銷的風險下，進行移轉的優點。照這樣看，只要有人覺得它有用（無論是出於自由意志主義的渴望、意圖犯罪或是拒受監視的目的），比特幣都具有一定的價值，其餘問題便交由投機炒作去解決了。

起飛

最初大家對於白皮書的反應都是批評，稱中本聰的計畫各個方面都存在漏洞。中本聰耐心回應那些批評，而隨著對話的進行，密碼龐克郵件討論群的成員越來越感到興奮，他們談的幾乎都是比特幣的話題，以至於到了二〇〇八年十一月十七日，管理員佩里・E・梅茨格發送了一封題為〈暫停比特幣的討論〉的郵件[17]，要求蓬勃發展的比特幣社群另開對話園地。該社群確實也另起爐灶：首先是移師到另一個郵件討論群裡，然後又轉到中本聰於二〇〇九年十一月成立的專用論壇「比特幣論壇」中。比特幣在數百封電子郵件、論壇帖子以及私人訊息的打底下，從技術宣言變成了活力滿盈的開源項目。二〇〇九年一月三日，比特幣網啟動：中本聰挖出了有史以來的第一個區塊，而且在區塊中添加了權充時間戳記的簡短訊息：「《泰晤士報》，二〇〇九年一月三日，財政大臣即將對銀行進行第二波的緊急救助。」這是倫敦《泰晤士報》真實的頭條新聞，詳細介紹了財政大臣阿利斯泰爾·達林拯救陷入困境的勞埃德銀行和蘇格蘭皇家銀行的計畫。比特幣以反對銀行和政府支出的身段在世上亮相。

比特幣隨後的成功（即使是一開始對它不具好感的批評家，也不得不承認它最終將數位現金的理念帶入了主流）主要歸功於中本聰利用現有的技術，實現了密碼龐克的願景。此外，還有其他的因素：二〇〇八年，比特幣不只是一種時機成熟的技術，也是一種與時代精神相呼應的工具。比特幣的核心價值是去中介化：消除「中間人」，以利點對點的直接交易。去中介化的概念最早出現在一九六〇年代經濟學家的理論中，用來描述降低依賴商業銀行和退休基金等金融中介機構的趨勢。但隨著網路的興起，該術語獲得了一個包羅萬象的顛覆性內涵，成為一種可能影響許多產業的現象。去中介化成為網路泡沫時代的口號，並在二〇〇〇年代泡沫破裂後開始落實。到中本聰宣布此一消息時，很多人（不只有密碼龐克）已經準備好要深入了解比特幣的意義。他們看到網路讓我們在購買機票或預訂旅館時，無需傳統旅行社的中介；電子商務又是如何讓製造商和買家得以直接交易，避開批發商和零售商的居間運作；甚至社交網路如何讓政治家和公眾人物繞過媒體，與他們的群眾建立聯繫。比特幣承諾為貨幣進行同樣的改造：沒有支付公司、沒有金融機構、沒有中央銀行，只有數學代碼。這種消除中介層的願景，也是大部分在比特幣之後出現的加密貨幣的重心。[18]

儘管如此，比特幣是漸漸地成為主流的：截至二〇一〇年年中，在當時寥寥無幾的交易平台上，一枚比特幣的價格不到〇．一美元，但慘澹經營的狀況沒有持續太久。杜倫大學的賈亞．克拉拉．布雷克說：「維基解密是比特幣歷史上一塊重要的里程碑。」二〇一〇年十一月，當朱利安．阿桑奇（曾訂閱密碼龐克）遭舉報而被列入黑名單，無法透過傳統支付平台募集資金時，比特幣論壇上的人便開始討論是否該建議阿桑奇接受比特幣捐贈。這不就是比特幣對抗國家所支持的支付審查制度的絕佳機會嗎？當時仍然活躍在論壇上的中本聰，強烈反對這個看法，他擔心與維基解密掛鉤會給比特幣帶來「負評」。大家見風轉舵，誰也沒有出面聯繫維基解密。但偶然發現這內幕的記者，很快便上網撰文，說明至少在理論上，比特幣可以為維基解密的困境提供解決方案。[19]正如某位出入比特幣論壇的人所開的玩笑：「精靈已從瓶裡跑出來了。」中本聰的看法與此類似，因為他（或她）在二〇一〇年十二月十一日（比特幣和維基解密首度見報的隔天）寫道：「維基解密捅了蜂窩，蜂群正朝我們撲過來。」之後，中本聰又在論壇寫了一篇文章，然後就不再發表意見了。在一封寫給某位比特幣資深開發人員的電子郵件中，中本聰說自己已經「開始關注其他事了。」二〇一一年六月，維基解密開始接受比特幣。[20]

二〇一一年為比特幣關鍵的一年，不只是因為維基解密事件。首先，模仿比特幣的其他幣種紛紛出籠：開發人員以比特幣作為藍圖，創造其他形式的數位現金（有時也被稱為「山寨幣」），同時增添新的功能。著名的「名幣」和「萊特幣」都是二〇一一年推出的。這個領域幾乎應驗了弗里德里希·馮·哈耶克的學說，開始演變成幾種加密貨幣間的競爭。也在這一年，十七歲的俄羅斯裔加拿大電腦工程師維塔利克．布特林迷上了比特幣，並致力於發行專業的《比特幣雜誌》。我們將在後文看到，兩年後，布特林在另一種加密貨幣「以太坊」的發明上（引發了加密貨幣整個典範的轉變）占有關鍵地位。也在二〇一一年，羅斯．烏布利希（出生於德克薩斯州的自由意志主義者）在暗網上推出非法毒品交易平台「絲路」，並使用比特幣作為支付方式。提摩太．梅伊所設想的加密無政府主義烏托邦終於實現了，然而在這過程中，比特幣卻被貼上不光彩的犯罪貨幣標籤，十年後它仍在努力擺脫這個汙名。

「絲路」可能將比特幣推向了購買毒品的新群眾，而烏布利希二〇一三年十月被捕的新聞，則推動了比特幣全球使用量的飆升。英國王家學會於二〇一九年公布了一份研究，分析了二〇一二年至二〇一八年比特幣線上交易價格的變化[21]，同時也指出，烏布利希被捕一事可能是二〇一三年下半年比特幣走紅的主要因素之一。比特幣聲勢在十二月四日達到頂峰時，每一枚的價格已來到一一三二美元，該研究寫道：「絲路的關閉象徵性地釋放了比特幣，讓它成為比較謹慎的投資人願意嘗試的工具，在此之前，比特幣的非法用途讓那些投資人裹足不前。」

不過，還有其他幾個因素同時在起作用，例如歐元區的債務危機，導致許多歐洲人尋求政府權限之外的保值管道，又例如比特幣在中國引起日益濃厚的興趣。該研究還列出了十三個隨後出現的泡沫現象，其中最具爆炸性的一個，即是二〇一七年比特幣的價格被推高到每枚一九七八三・〇六美元的價位。這些泡沫目前已經縮小，但肯定不會完全破裂：截至二〇二〇年七月，全球所有比特幣的總值估計約為一一八〇億美元。從某層意義上說，絲路被關閉，是比特幣被視為貨幣的絕唱，卻也是比特幣作為投機性投資工具的肇端[22]，且時至今天依然盛行。（這種情況或許還會改變，特別是二〇二一年初，在特斯拉電動車宣布他們可以接受比特幣支付之後。）

二〇一三年，比特幣大紅大紫，然而當時的時空背景已和二〇〇八年的截然不同。中本聰的心血結晶已脫離科技的虛無而實體化了，且當時它還是唯一的加密貨幣。短短四年後，「加密貨幣」這個詞便經常以複數形式出現，因為各種受到比特幣概念啟發的數位現金紛紛出籠。從那時起，該領域的諸多創新（但也包括許多敗壞變質、推銷吹擂、愚不可及的東西）都發生在比特幣以外的計畫中。深究起來，那是因為比特幣社群如此忠於《白皮書》這本寶典，任何偏離其規範的舉措，都必然引發激烈的爭論與偶發的分裂。此外，一方面第二波的一些加密貨幣和比特幣整合，或以某種方式回歸比特幣的路線，另一方面，比特幣社群興起了「比特幣極端主義者」口徑一致的聲音，強調除了比特幣外，其他的加密幣種要麼不健全，要麼騙局一場。

這不意味比特幣社群是堅若磐石的一體或是僵化的。恰好相反，比特幣的突出地位迫使整個社群，包括開發人員、礦工、經營節點的人、交易平台以及社交媒體知名的評論員，著手處理幾個問題，因為如果不加以解決，這些問題就會破壞長期以來的成就。

當中也許最關鍵的問題是，該如何定位比特幣：它是貨幣還是投資工具？這種二分法並非學術觀點，而是很重要的技術性問題。如果比特幣是投資，那麼它就像金條一樣可以購入、收藏。如果比特幣是貨幣，那麼它的競爭對手就類似Visa信用卡這樣的支付公司。Visa聲稱每秒有能力處理五萬六千筆交易，但直到二〇二〇年，比特幣每秒的處理能力只有七筆，這對於一個規模不小的支付網來說未免太慢了。[23]部分原因和構成區塊鏈的區塊有關：中本聰設計的區塊，容量頂多1MB，因此限制了每一個區塊可以容納的交易量，因此也限制了每十分鐘登錄到總賬中的交易量。這就是為什麼關於比特幣可否擴充的爭論，通常圍繞在是否該讓區塊變大的問題上，然而，這問題又會衍生出其他的枝節，畢竟更大的區塊會占用電腦更大的硬碟空間，導致經營節點的成本變得更高，可能演變成權力集中在少數礦工手中。二〇一七年，這場爭端最終導致兩派人馬攤牌。一邊是提倡使用較大容量區塊的人，主要是由綽號「比特幣耶穌（Bitcoin Jesus）」的羅傑・威爾所領軍的亞洲礦工，威爾是一名極端的自由意志主義者，曾於二〇〇五年在eBay販售炸藥而入獄十個月，後來放棄了美國公民身分；以及另一邊是「隔離見證（SegWit，Segregated Witness）」升級協議的擁護者，「隔離見證」是一種解決方案的軟體，可以在不擴大區塊規模的情況下將更多筆交易塞入其中。二〇一七年八月，由威爾領軍的人走上自己的路，將區塊鏈拆分（又稱「分叉」）開來，推出了比特幣的替代版本「比特幣現金（Bitcoin Cash）」，其處理能力達每秒最多一一六筆交易。布雷克指稱：「這種分裂反映了對比特幣本質的兩種不同看法。」但其他的分裂將接踵而至。

去中心化這一主題是許多意識形態僵局的關鍵點。隨著挖礦活動已演變為企業規模，比特幣最重要的精神——穩健性——也開始受到越來越多的審視。截至二〇二〇年初[24]，網上有百分之四十九・九的挖礦活動是由五家挖礦投資公司執行的，而且這些企業的總部都是設立在中國的「礦池」，這會讓小礦工聯合起來瓜分收益。對於去中心化的支持者來說，權力集中是一個危險的信號，並且有人認為，比特幣圈子所有關於去中心化的討論，可能只是編造出的幌子，背後隱藏的仍是一般的權力結構。德克薩斯州聖安東尼奧市聖瑪莉大學法學教授安吉拉・沃爾奇說：「去中心化往往更像是一種行銷或陳述抱負的說詞，並非實際描述（加密貨幣）系統的東西。我認為這是那些想要表現得好像自己沒有權力的人所用的障眼法。」另一方面，比特幣社區是由幾個群體組成的，彼此之間多少呈現對抗的態勢。礦工勢力很強大，但那些經營非挖礦性質完整節點的人，以及維護比特幣代碼庫 github.com/Bitcoin/Bitcoin 的開發員也是如此。

身為伊利諾大學助理教授兼幾家加密貨幣投資公司董事的安德魯・米勒說：「比特幣發揮的影響和政治動力，就類似於一般的開源項目。有些人就是不相信這些項目之所以能發揮作用，是因為背後存在一個社會的或政治的結構。他們會說：『因為它有數學做後盾，所以結果必然如此。』這是無稽之談，因為它就是社會共識的過程。」

另一個關鍵問題在於匿名。密碼龐克念茲在茲的就是匿名的數位現金，但持有比特幣的人從來就不可能完全匿名：每筆交易都是公開的，只要有個失誤，就可以揭露隱藏在某個地址後面的人的身分。例如，某個嫌疑犯曾透過託管錢包轉移資金，其加密鑰匙由第三方交易平台持有，這些平台經常會對其用戶進行身分檢查，他被追查出來的可能性非常高。區塊鏈業者 Chainalysis 或 Elliptic 等保安公司的創立，運用機器學習技術將錢包與個人訊息串聯起來，使上述情況更有可能發生。而過去幾年也出現許多更注重隱私和匿名保障的加密貨幣，其中包括門羅幣、大零幣和古靈幣。

另外，還有環保的問題，這正是比特幣的原罪：比特幣挖礦一年所消耗的電力和瑞典整年的用電量一樣多。在氣候變遷問題日形嚴峻的今日，一個依靠工作量證明（proof-of-work）來運作的產業，其正當性在哪裡？也就是說，耗費大量能源，只撇下一句「不然要怎麼辦」便了事了嗎？出於這個原因，大多數新開發的加密貨幣都強調完全放棄工作量證明，或者提出一個最終會廢除它的願景。這些故事就遠遠超出比特幣的範疇了。

第二章

以太坊

跨入以太幣

比特幣等於錢。中本聰將它設計為一種可以在不依賴中介的情況下，將價值單位從某甲手上移轉到某乙手上的系統。但幾乎才一推出，開發人員和發燒友就開始尋覓把比特幣區塊鏈應用於貨幣以外之領域的方法。

在最基本的層面上，可以在交易中加入註記，就像中本聰將《泰晤士報》的標題加到初始區塊那樣，讓用戶相互公開發送不受審查的訊息。但這樣也讓情況變得很難堪：二〇一八年的一項研究發現，區塊鏈上的評論夾雜著數百個連到兒童色情圖片的網站。[1]

但大多數的「比特幣2.0版」提議，沒有那麼低級，而且更富創意。二〇一一年出現了一個名為「名幣」的幣種，其主旨在於利用比特幣網絡創建一個去中心化的域名系統。二〇一二年，有研發者提出「彩色幣」的概念：以不同方式標記的小數量比特幣（以「聰」命名，一聰相當於一顆比特幣的一億分之一），並定位為和債券、金條或地契等易於交易之資產的替代品。

比特幣因為只懂得固定招式，常常困在無法升級和擴展的窘境裡，然而，隨著社群的擴大，比特幣也不得不做出變化。任何建立在比特幣基礎上的項目，都有可能受到這些變化的波及，例如，比特幣在二〇一三年四月規定每筆交易不得低於五千四百三十聰，當時彩色幣的愛用者便譴責這是走倒退路的做法。

擺脫這種困境的方法是，讓每項計畫推出自己的特定功能區塊鏈和代幣。但這麼做會出現問題，在一個數以千計區塊鏈的天地中，不一定可以相互交換資訊，每條鏈都成為一座小型的加密孤島，採用自己的標準、應用自己的代幣，而且沒有確切可與其他類似的區塊鏈協同運作的方法。這種不便是大家公認的。另一種選擇是拒絕零碎化，只創立一條單一的區塊鏈，讓其他項目（以及其他幣）都建立在它之上。維塔利克．布特林支持的是後一種方法。

二〇一一年布特林十七歲時，就開始接觸比特幣，這時他已經走了一大段路。線上遊戲《魔獸世界》開發商突然從他的角色提取一項特殊才能後，即使已退出這遊戲，對於這個議題他仍然很敏感。布特林說，這種經歷讓他意識到「集中化的服務會變得多麼恐怖。」[2]布特林最初對中本聰的想法持懷疑態度，最後選擇相信它。他和網上認識的人一起創辦了《比特幣雜誌》，並成為該雜誌的頂尖作家。他的第一篇文章，主要討論為何像他這樣的青少年應該使用比特幣[3]。

布特林夠聰明，不打算踏入產業記者這一行。他是一位天才型的電腦工程師，酷愛經濟學，且即將獲得矽谷大人物彼得・泰爾資助的獎學金。他把《比特幣雜誌》當作躋身加密貨幣計畫的前哨站，並作為傳播他對該領域之想法的平台。到了二〇一三年，他越發相信比特幣已陷入一種很糟的常態：每個人都企圖把比特幣原先不打算執行的功能，全附加到它身上。開發商爭先恐後想把線上應用程式堆疊上去，殊不知比特幣的核心其實只是類似於電子郵件的協議罷了。若想創建一個比電子郵件系統更複雜的東西（類似線上服務和連網的應用程式），你需要一個像網路功能的平台。布特林認為自己可以為去中心化的網路進行編程；在二〇一三年底發表的《白皮書》中，他將其命名為「以太坊」。二〇一四年一月，以太坊盛大的揭幕儀式就在邁阿密舉行的北美比特幣會議上，布特林以二十八分鐘長的演講，闡述了自己的願景。顯然他將成為一個魅力四射的人物：年輕得不可思議，但在技術上高度自信；善於運用隱喻，幽默不落俗套；他的口才有點笨拙，偶爾會忘詞又口頭禪不離嘴，但還是那麼吸引人。維塔利克·布特林身材高大、骨瘦如柴，藍眼睛透出銳利的目光，老是盯著遠處看，但他可是極客（geek）心中的彌賽亞，是掌握指令行的小小耶穌。自從他在邁阿密演講結束、贏得如雷般掌聲的那一刻起，不消幾年，諸多傳說已累加在他身上（智商高達兩百五十七、在兩個月內學會中國話、是外星人）。

布特林創造的是一種意義重大的加密貨幣。若說比特幣的交易類似於某甲把硬幣交給某乙，那麼以太坊的交易則類似於你將硬幣塞入自動販賣機，並立即在盤子上拿到一杯熱騰騰的咖啡。若說比特幣網絡確保沒人可以阻止或撤銷已經易手的款項，那麼以太坊則更進一步，確保付款後，付款人會得到預期的結果，亦即收到等同於那杯咖啡的數位等價物。

二〇一五年七月，以太坊區塊鏈終於上線，其宗旨在於支援兩種類型的賬戶，其一是類似於比特幣的標準位址，用戶可以在其中發送和接收以太坊的加密貨幣（稱為「以太幣」）；其二是合約賬戶，功能類似於自動販賣機的無人位址，這是脫胎自「智能合約」的概念。後者是第一代密碼龐克尼克．薩博[4]在一九九六年發表的一篇文章中所提出的想法。該文探討數位技術如何建立財務契約，且強調契約內容無一例外，都會被記錄在電腦代碼中，故合約的執行無須依賴律師或中間人。

如果支付一筆款項，或是輸入任何訊息給以太坊某個合約賬戶，就會自動觸發代碼的執行。例如合約編程完畢之後，會立即向使用以太幣支付的一方發行代表其資產所有權的數位代幣（彩色幣的概念）。或者它也可以充當兩方之間的託管者，安全地保管以太幣，直到付款人收到貨品並同意將款項撥給收款人。又或者，合約可以從外部數據（又稱「預言機〔oracle〕」）接收天氣報告，並自動向可能因酷熱或暴雨而遭受損失的農民支付保險費。布特林認為以太坊具備「圖靈完備（Turing complete）」的特色，[5]這意味透過大量不同指令的組合（截至二〇二〇年八月，計有一百四十二條指令或「操作碼」），可以設計幾乎所有你想像得到的智能合約和操作。任何人都可以透過交易將合約的原始碼嵌入網絡中，從而在以太坊上創建一個合約賬戶。

根據以太坊架構設計者的說法，智能合約的優勢在於不僅能執行更複雜的操作（因為它不是在比特幣的區塊鏈上臨時加入資訊），而且還達到人工協議無法企及的可靠水準。在二〇一五年發表的一篇技術「黃皮書」中，編寫以太坊大部分代碼的英國電腦科學家加文·伍德（布特林以及另一位開發人傑弗瑞·威爾克亦有參與）這樣說道：「判定很難做到公正，但對無私的運算法而言，這是再普通不過的事。」[6]

他繼續說：「我們追求的是『透明度』，換句話說，能夠藉由交易紀錄、遊戲規則或指令代碼，精準了解某一狀況或判定是如何產生的，這是人工操作的系統永遠達不到的完美地步，因為自然語言必然是模糊的，且訊息往往不夠全面，而且很難剔除陳腐的偏見。」

這種立場具有深厚的政治背景。伍德在二〇一九年的演講中回憶，五年前，當前美國國家安全局承包商愛德華．斯諾登透露美國的全球監視計畫時，伍德深受感動。他說：「我意識到自己所建構的以太坊，根本就是同一志業的一部分。」這場被他命名為 Web3 的運動[7]，就是要運用透明的網路取代不透明和霸道的權力中心。「你不妨將 Web3 的精神歸結為這句口號：『少點信任，多點真相。』」

從以太坊的角度來看，跟人類營運的組織打交道總是需要信任，相信他們說的是名實相符，相信其行為是理性的，相信他們不是騙子，相信他們不會監視你。相較之下，能自我執行的智能合約則是**「去信任化」**的。因為在區塊鏈上，大家都看得到這些合約，完全按照已言明的規則去做，不會發生出人意表的事。當然，前提是你得仔細閱讀智能合約的代碼，並確定它能發揮作用。但這是一個危險的承擔，而且有可能回過頭來反咬以太坊社群一口。

讓電腦代碼執行一組指令，這件事本身倒不特別令人驚奇。畢竟，網路就是這樣運作的：在Kindle上訂購電子書或在iTunes上購買歌曲都需要付款，然後啟動一個流程，最後賣方就會交付數位產品。接下來才是以太坊架構的獨特作為。以太坊基金會的核心研究員卡爾・弗洛施表示：「『智能合約』程式可以在任何地方運作。它可以在谷歌雲端運算運作，也可以在亞馬遜服務網運作。但是它在以太坊運作的優點是，該系統不但提供如此多令你意想不到的服務，還會提供你各種保障。這些保障不會失靈，你的作為不會被審查，不會被阻撓。誰也無法按下殺手鐧開關，終止某個特定的應用程式。」

這裡我們又見識到去中心化的魅力，不僅適用於支付，還適用於整個金融操作或軟體應用程式（嚴格來講，是程式的後端運作，因為應用程式的用戶界面等組成部分，很難直接在區塊鏈上構建）。

為此，以太坊的設計不僅要考慮貨幣餘額，還要考慮數位狀態的變化。以太坊區塊鏈上的每個完整節點，都包含一個執行智能合約之「以太虛擬機」（一種數位環境）的副本。當一個以太坊區塊被開挖出來時（通常只需十到二十秒），它會及時固定網絡上某一特定時間點上產生的所有關係和交換。

在二〇一七年的一次採訪中8（那時以太坊已推出很久了），布特林表示比特幣可視為一種為貨幣量身定制的、賦予貨幣動力的軟體協定，而在以太坊中，「貨幣則是為協議服務的」。在他看來，以太坊不止於以太幣，它還是一種能在區塊鏈上產生社交網、備份／同步／檔案共享的雲端儲存、搜索引擎、保險公司與媒體集團的新工具。記者卡米拉・魯索最近出版一本探討以太坊的書，這裡就套用她的書名《無限機器》來形容以太坊吧。（書中的論述也是驅動二〇一五年到二〇一六年區塊鏈風潮開始流行的一個主因：當時每家企業都突然意識到自己需要使用區塊鏈。）

然而，以太加密貨幣是以太坊生態系統的支柱和命脈。使用智能合約需要支付以太幣（稱為「礦工費」），其目的一方面是激勵礦工開礦，二方面是防止有心人士運用大量瑣碎的小筆交易，蓄意破壞或堵塞網路。智能合約最受歡迎的一項功能，是它們有權發行自己的迷你貨幣。想當然耳，以太幣一直都是價格僅次於比特幣的加密貨幣。

當以太坊二〇一四年夏天正式上路時，才一亮相就引發不少關於該加密貨幣的爭議。[9]以太坊一開始看起來像個群眾集資的計畫：以太坊團隊並非藉由挖礦逐漸累積以太幣的供應量，而是讓總部設於瑞士的以太坊公司在其區塊鏈尚未建成之前，就拍賣了大部分的以太幣，並換取比特幣。[10]一些加密貨幣強硬派[11]對於這種被稱為「預挖」的機制，抱持懷疑的態度，因為有心人士可能藉此詐騙或操弄價格，而且它的貨幣基底還不夠堅實。直到二〇二〇年，像亞當・貝克這樣的老派密碼龐克，還在推特上抨擊以太坊，將以太幣與「龐氏老鼠會騙局」相提並論，並指責預挖的做法根本就是騙局。[12]

二〇一四年，顯然並非每個比特幣持有者都像亞當・貝克一樣持保留態度：在七月二十二日至九月二日間的四十二天裡，以太坊售出了六千萬枚以太幣，總值相當於一千八百萬美元的比特幣。二〇一四年籌集到的資金都流向新成立的、負責以太坊技術研究的以太坊基金會。布特林在那場邁阿密的演講中就提過這樣的組織，他說：「我們最終希望將以太坊打造成一個ＤＡＯ。」此一縮寫代表的是「去中心化自治組織」（Decentralised Autonomous Organisation）。

自主汽車

如果你把好幾份不同功能的智能合約結合起來以便創建一樁事業，那麼你得到的便是去中心化自治組織（ＤＡＯ）。如果將智能合約比喻成一台你把錢塞進去就能得到一杯咖啡的自動販賣機，那麼ＤＡＯ就是擁有這台販賣機並為它補充咖啡豆的公司，且其收益將會再投資到新機器上。

在《白皮書》中，布特林將ＤＡＯ定義為智能合約技術的「邏輯擴展（logical extension）」。ＤＡＯ是以太坊的最後階段，是執行其去中介化和去中心化目標的主要工具。以太坊本質上是一個以經濟交易為主的天地（支付為其主要的互動形式），因此去中心化幾乎不可避免地集中在商業領域。比特幣問世的目的在於扼殺銀行家、支付公司和美聯儲；以太坊選定打擊的對象包括大公司的執行長。DAO要創造公司無需經理的時代。

「去中心化自治公司」（Decentralised Autonomous Corporation，DAC，通常與DAO交替使用）一詞是由美國加密貨幣開發商丹尼爾．拉利美在二〇一三年[13]創造出來的。他將這詞解釋為整個加密貨幣概念的框架，亦即受軟體規則支配的經濟實體，又將持有其代幣的人比喻成股東。維塔利克．布特林則更進一步主張，與其運用比喻，不如直白拿DAO來形容此一商業模式。二〇一三年底，他在《比特幣雜誌》上發表一系列題為〈引導去中心化自治公司〉的文章，闡述了自己的理論。

布特林寫道：「公司是什麼概念？不就是一群人在一套特定規則下一起工作嗎？但是，這裡出現一個非常有趣的問題：我們真的需要人嗎？」

他解釋道，自動化的浪潮一波波襲來，受創最深的主要是藍領階級：紡織工、手藝匠、工廠操作員。他的想法很簡單：公司本質上就是資本，外加一條使命表述：「汽車製造」、「食物宅配」、「股票投資」等等。在把（加密貨幣）資本當作前提的情況下，布特林要問的是：電腦是否可用來「將使命表述編寫為程式代碼」，進而讓任何懷抱理想和擁有編碼技能的人，都能憑空開創一家公司？

他的回答是：也許可以。將智能合約加以安排，即可以執行公司的關鍵功能，例如銷售服務和支付員工薪資，反正一切都儲存在區塊鏈上，也就不需要安裝軟體的伺服器了，同時組織也不會遭到破壞，因為其代碼永遠在去中心化的紀錄上。根據布特林的看法，這種運作模式很適合非法事業，因為它們可以不依賴任何單一核心人物即能永久運營，就像布特林的宿敵《魔獸世界》這種點對點的網路遊戲。

對布特林來說，DAO的一大優勢是它有可能解決眾所周知的委託—代理問題，即公司執行長可能違背股東的最大利益，且DAO在整體上可能阻絕企業高層在暗地裡進行的詐欺行為。例如，一個享有壟斷自然資源權利的DAO（例如水供應商），就可以設計成不會哄抬價格的組織。他表示：「去中心化的公司可以設計成免受貪腐影響的單位，而這在人為控制的系統〔原文如此〕是無法想像的。不過一切還是不可掉以輕心，以免迸出其他紕漏。」

也就是說，從理論上看，布特林並不是要**完全**排除人類的作用。公司仍然需要雇用人員執行更富創意性的工作。雇主是要需要聘用員工。更重要的是，如果發現代碼有問題，公司還是需要有人在場升級DAO軟體。布特林提出了幾種解決方案，其中一個非常簡單：DAO可以擁有人類股東，無需透過董事會或執行長，即可對複雜的決策進行投票。如果回到丹尼爾．拉利美的比喻，那麼這類公司的股票實際上可能就是加密貨幣。（請讀者記住這個概念，因為下文我們還會提到。）

當時，布特林並未主張將DAO建立在以太坊上，那幾篇文章發表在以太坊

《白皮書》面世之前。然而，等到《白皮書》發表後，其中很大一部分都在著墨DAO，而且還在他的《比特幣雜誌》上展開一系列廣泛的探討。

在推廣DAO概念時，布特林並非曲高和寡。當時，加密貨幣圈子越來越能接受「數位現金可以在去中介化的道路上走得更遠」此一想法，即——不僅為個人之間的點對點支付提供動力，而且還能為人與機器、人與服務，甚至機器與機器之間的支付提供動力。二〇一三年七月在愛丁堡舉行的一次演講會[14]上，英國谷歌工程師兼著名的比特幣開發人員邁克・赫恩，以最生動的方式闡明了這一立場。赫恩在談話中提出了自主汽車（Self-owning cars）的概念：一種由比特幣驅動且無人駕駛的計程車，會自動支付燃料費和升級費用，並且不屬於任何人（就像一件公共財那樣，可能有人會將它停留在荒郊野外）。赫恩認為，隨著時間的推移，這輛汽車甚至可以購入其他汽車，並且管理整個車隊。為什麼這做法可取？因為它會便宜得離譜。赫恩繼續解釋，那是由於，不會有人居間「把油水撈走」。機器會自主行事，而自由市場會將價格壓低。[15]

自主汽車的觀念有趣之處在於，它既是民粹主義的，又是反民粹主義的。這聽起來像是對 Uber、Lyft 和其他資本主義平台的巨獸豎起中指。然而，對每個工作的人來說，這難道不也像在對著他們豎起中指嗎？

這種情況很險惡，但也令人興奮。這就是為什麼布特林沒讓自主汽車這概念束諸高閣的原因。二〇一四年，他在邁阿密雖然沒有提到自主汽車，但他似乎在宣導一種和赫恩相呼應的精神。布特林演講時展示的最後一張幻燈片，上面除了羅列以太坊的各種用途外，它還提到「天網？」：《魔鬼終結者》中接管世界並可能引發核爆災難的邪惡人工智慧。在接下來的幾年裡，天網和以太坊被無數媒體文章、宣傳資料和學術論文（而且有點人云亦云）串聯在一塊了。

杜倫大學的賈亞．克拉拉．布雷克認為，天網的概念確實點出了以太坊「自動化」學說的一些真正元素。「在以太坊中，去中心化的目的不再是為了抗拒特定的機構，而是抗拒任何人所可能進行的任何形式控制。由於任何人都可能會變成貪腐，那就讓我們擺脫他們吧。」

儘管如此，對於一項希望成為加密貨幣界下一個大事業的新創計畫來說，天網也是一個非常吸引人的比喻。而「DAO就是一種天網」之論述，則以一種怪異的方式樂觀過頭了。當然，這對人類而言似乎很糟糕，但就其概念而言，卻取得了巨大的成功。萬一DAO沒有那麼幸運怎麼辦？如果一旦啟動DAO就故障、崩潰或燒毀，又該怎麼辦？

代碼即是法律

第一個DAO項目被簡單稱為 The DAO。它在首次亮相的幾週後，就崩潰燒毀了，而在此過程中，它幾乎造成整個以太坊的計畫脫軌。經過數個月的公告和媒體報導，那趟短暫而多災多難的歷程始於二〇一六年春季，當時 daohub.org 網站開始收集以太幣以換取「DAO代幣」。如上所述，以太坊允許智能合約發行自己的迷你貨幣，技術上稱為 ERC20 代幣，這款代幣可以在平台上買賣並用於設定合約的交易，例如，架構在以太坊上的賭場可能會出售ERC20撲克籌碼，讓玩家在其平台上使用。DAO代幣的持有者有權利對DAO的投資決策進行投票。

DAO的設計構想為一種無領導、無員工、無國籍的風險投資基金，目的在於將以太幣投資於科技新創企業。作為骨幹的智能合約代碼，由以太坊首席測試員克里斯托夫·詹茨施[16]編寫與發布，他也是Slock.it的共同創辦人。Slock.it公司的總部位於柏林，致力於將以太坊和物聯網技術（特別是智慧鎖〔smart locks〕）相結合。該公司共同創辦人包括詹茨施的兄弟西蒙和以太坊前首席通資官斯蒂芬·圖爾。詹茨施最初計畫編寫一份智能合約為Slock.it進行群眾集資，同時讓出資人對資金的使用方式享有一點控制權[17]；最終他決定參考維塔利克·布特林的DAO夢想，以幾乎完全相同的手法設計一張藍圖，其結果便是一份名為《實現自動化管理的去中心化自治組織》的白皮書。

白皮書寫道：「從歷史上看，公司向來只能透過人來運作，而這便產生兩個簡單而基本的問題〔……〕：其一，人並非總是願意遵守規則；其二，人並非總是同意規則的實際要求。

「本白皮書首次提出一種方法，根據這種方法，就能創建一個落實如下理想的組織：其一，參與者保持對投入資金之直接的、即時的控制；其二，透過軟體將管理規則正式化、自動化，並加以嚴格落實。」這份白皮書設定了無管理階層之風險投資公司的規則，這種公司會自動將其儲備的以太幣投資在大多數代幣持有者（這些人用以太幣以換取組織的ERC20）所選擇的公司，他們實際上即是股東。任何利潤都會分配給這些代幣持有者。

詹荻施的藍圖於二〇一六年初在代碼存儲庫GitHub上發布。不久之後，一群支持者決定落實這項計畫，並註冊了daohub.org網站來推廣該計畫，並籌集構築ＤＡＯ風險投資公司的以太幣。Slock.it的團隊一再申明，創建The DAO的團隊是獨立於他們的，但事實上，前者的共同創辦人卻成為The DAO出現在公眾前的面孔，無異將Slock.it定調為The DAO投資資金的潛在受益者。此外，那些人還在瑞士成立一家公司DAO.link，以便為The DAO（以及其他潛在的DAO）提供與承包商互動的法人資格。到了關鍵時刻，加密貨幣社群中的幾位重量級人物（幾位美國證券交易委員會的人）認定The DAO無庸置疑是Slock.it的產物。

The DAO代幣於二〇一六年四月三十日開賣，一直持續到五月二十八日為止，前後吸引了近兩萬名買家。銷售結束時，DAO的智能合約已經積累了一千兩百萬枚以太幣（價值超過一億五千萬美元），占當時所有以太幣流通的百分之十四。[18]這是史上最大的群眾集資活動，而投資的對象竟然是一間由一系列編程副程式運行的公司。從某個角度來看，The DAO確實大獲成功，但從另一角度來看，這實在太嚇人了。有些人認為，像The DAO這樣的億萬巨獸不應該在以太坊發展初期就出現，萬一發生什麼差錯怎麼辦？

果然出事了。二〇一六年六月十七日，駭客利用以太坊和The DAO代碼中的漏洞，偷走了三百六十萬枚以太幣（約五千萬美元）。隨後，不同的駭客又入侵一次，共劫走了三百五十萬美元。由於有自動保險裝置把關，被盜走的資金必須在另一個合約賬戶中保管二十八天後，駭客才能把錢領走。然而在此期間，以太坊社群發起兩場戰鬥：一場針對駭客，另一場針對以太坊的靈魂。

如果把 The DAO 的焦點放在商務上，就會忘記一件事：以太坊的志向不僅只是將公司的結構去中心化，以及去掉執行長的角色。強制執行合約的平台即是一個法律體系：它也將法官和警察排除在外。合約的代碼即是其行為的唯一源頭，也是其合法性的唯一基礎。哈佛大學學者普利馬維拉·得·菲利皮和葉史瓦大學教授亞倫·賴特，將此稱為「加密技術的法律（lex cryptographica）」。[19] 套句律師兼網路活躍者勞倫斯·萊西格的話來說：「代碼就是法律。」那麼，The DAO 的駭客是怎樣的角色？甚至，那個人稱得上駭客嗎？

就在襲擊事件剛發生後，先前一直對 The DAO 持批評態度的康乃爾大學電腦科學教授艾敏·岡·瑟爾，便在部落格上發表一篇文章表示[20]，他不願將所發生的事件稱為「駭客攻擊」。如果唯一能定義 The DAO 的東西是它的代碼，那麼很難證明其資金的流失和其預期的目的背道而馳，畢竟代碼**沒有具體說明** The

DAO的目的。代碼容許攻擊行為發生，因此所發生的事也是被容許的。

艾敏・岡・瑟爾寫道：「我找不到任何能說明The DAO該執行哪些事項的獨立規範。唉呀，在The DAO的代碼中，幾乎看不到開發人員在編寫代碼時，頭腦在想什麼的紀錄。」

除了語義層面的問題（也就是說，即使承認The DAO是被駭客入侵的），還有另一個更緊迫須回答的問題：以太坊究竟該怎麼辦。以太坊基金會的開發員、創始人和各成員，立即將自己切換到作戰模式，利用Slack和Skype（以及更公開地在社交媒體和部落格上）討論如何應對所發生的事。

一開始，他們試著從代碼入手，希望找出化解這場災難的方案。以太坊基金會的設計師亞歷克斯・範・得・桑德，打起「羅賓漢團隊」的大旗，招募了一群志願者，讓他們進入The DAO的系統裡，然後利用其漏洞，在駭客竊走剩餘資金之前將其移開。另一個早期提出來的補救方案（稱為「軟分叉」），則將所有涉及被盜資金的交易，列入黑名單，並將其凍結，直到駭客將其歸還為止，然而，這項方案後來發現有缺陷而沒付諸實行。最後，唯一明確的出路只剩「硬分叉」了：讓礦工批准一項臨時提議的交易，以刪除 The DAO 及其遭駭的紀錄，並將被盜的以太幣歸還給合法持有者。

此舉必然引起爭議。沒錯，因為被竊走的以太幣占其總供應量很大的一部分。先前已經有一萬名用戶投資 The DAO 了，而且以太坊領域中的關鍵人物（包括維塔利克．布特林和最初的加文．伍德）已將聲譽壓在 The DAO 上，並稱自己為它的「監督人」。該事件嚴重打擊他們的信用，如果不快解決，將威脅到整個以太坊體系。

另一方面，發明加密貨幣的初衷是為了確保任何一筆交易——無論其非法到什麼地步——都無法撤銷。如果你認同代碼就是法律，那麼，以太坊社群對於設計簡陋的合約遭到駭客攻擊，正當的反應應該只是聳聳肩而已。尤其當以太坊和 The DAO 都徹底依賴天網論述：以太坊的官方網站承諾「應用程式完全按照編程運作，沒有任何停工、審查、欺詐或第三方干預的可能。」而 daohub.org 上常見的口號便是「The DAO 等於代碼」。那麼，現在這項計畫要忽略代碼並進行干預了嗎？

對於堅守不變的純粹主義者（例如比特幣核心開發員彼得．托德或智能合約的發明人尼克．薩博）而言，硬分叉非但是褻瀆，還是一個危險的先例。托德在一篇怒氣沖沖的部落格文章中寫道：「維塔利克打算對找上門的友善FBI特工說什麼？說是交易過程中碰上大駭客，請對方幫幫忙？或者向俄羅斯的相關單位求助，請他們捏造理由凍結一筆美國交易的資金，以便報復美國對他們最新一輪的制裁？」[21]誠然，從前也有過硬分叉：二〇一〇年，中本聰本人察覺到比特幣因代碼出錯，而多製造出一千八百四十億枚比特幣時（遠高於兩千一百萬枚的上限），曾採取過一次硬分叉的措施。然而，批評人士表示，那些不過是技術修復的問題，而以太坊的硬分叉卻是對一場慘敗的「緊急補救」。

三年後，弗拉德．贊菲爾[22]這位（支持分叉的）以太坊開發人員，將對於硬分叉的爭議歸咎於他所謂的「薩博定律」：一種密碼龐克過時的信仰。贊菲爾寫道：「『薩博定律』很簡單：除非出於技術維護的目的，否則不要變動區塊鏈當初的協議。」相比之下，許多以太坊的大人物越來越認同以太坊需要「治理」（這可是加密無政府主義者心目中的一個髒字），它才可能蓬勃發展。

康乃爾大學的艾敏．岡．瑟爾在 The DAO 遭到駭客攻擊後，即意識到自己之前的觀點是正確的，因為他始終認為以太坊設計得很差，但今天他認為「代碼即法律」的說法站不住腳。他表示：「問題在於，每種系統都是為人類服務的。代碼可能是法律，但如果某種代碼並不符合需求，那麼人們就會更改它。只有為人服務的代碼才是法律。到頭來，總會存在一個治理的程序。」

也就是說，岡．瑟爾認為，在 The DAO 的危機期間（以及此後），以太坊因未能建立正式的治理結構，而導致魅力型人物變得像暴君一樣。「當以太坊必須做出決定時，每個人都把目光投向維塔利克，他才是實際上的中心」。

The DAO 的僵局終於二〇一六年七月結束了：凡是持有以太幣的人都可以投票（方法是將極微量的以太幣發送到某個位址），以決定以太坊是否採用硬分叉策略。只有占當時以太幣總量約百分之四．五的持有者參與了投票，但他們絕大多數都支持硬分叉。七月二十日，礦工批准了這項交易，扭轉了 The DAO 劫奪事件的影響，並在此一過程中打造了另一條新鏈。擁護「代碼就是法律」的少數強硬派，堅持抓著初始的那條鏈不放——這條鏈也保留著 The DAO 被駭的歷史紀錄——並將自己更名為「以太坊經典」，但這個平台後來因反覆被駭客攻擊而名譽掃地。

截至二〇二〇年，當年侵入 The DAO 的駭客身分仍然未明。Slock.it 的共同創辦人斯蒂芬．圖爾，在 The DAO 的混亂期間因熱情倡導硬分叉而成為眾矢之的。他認為幾條線索都指向駭客的身分是學者，而不是網路犯罪分子。圖爾表示：「對方在瑞士的大學和一群研究人員一起工作，那是一項暑期計畫。」有人追問他更多細節，圖爾只表示他寧可「尊重現狀，別惹麻煩」。他說那駭客的名字「以太坊的高層人士」都聽過。

然而，The DAO 事件留下來的並非「誰幹的？」這個懸而未決的問題。它的崩潰引發了以太坊內部關於治理、去中心化自治組織的結構，以及智能合約安全性等議題的重要對話。但 The DAO 的遭遇不僅僅是一則警示故事，即使該計畫在淚水中葬送了，但它也證明一件事：透過區塊鏈銷售無形代幣的方式可以籌集超過一億五千萬美元的金額。那麼，大家還在等什麼？

第三章

首次代幣發行泡沫

以太坊催生了 The DAO，而 The DAO 卻帶來爭端和災難的威脅。但是，儘管自動經營企業的狂熱夢想褪了一些光彩，但 The DAO 籌集數億美元資金的模式才剛剛開始流行。

出售大量數位代幣來為加密貨幣計畫進行群眾集資的辦法，其實早在二〇一六年的盜幣案發生前就開始了。第一個這樣做的實體是「萬事達幣」，它是比特幣 2.0 版的投資計畫，屬於維塔利克·布特林推出以太坊之前的手筆，並在二〇一三年以出售其代幣的方式籌集了約五十萬美元。以太坊推出時，布特林即遵循了此一傳統，藉著拍賣數十億預挖的以太幣來取得資金。但此種做法要等到二〇一六年底和二〇一七整年，才蔚為風潮，而那時大家對 The DAO 應該還記憶猶新。越來越多的代幣開始冒出頭，推波助瀾的是渴望在市場眞賣這些代幣的各色人等。突然間，加密貨幣進入了代幣銷售的時代，或者套句那幾個月流行的金融術語來說，就是首次代幣發行（Initial Coin Offering）——簡稱ＩＣＯ——的時代。

我們最好拿一個比喻來解釋ＩＣＯ理念的邏輯。試想一下：你打算開一家超市，但問題是你身無分文，沒有人願意借錢讓你創業。不過，你想出了一個絕妙計畫：為什麼不先印製數量有限、未來可在你超市中使用的會員卡，然後將其出售以籌措資金？認同你經營理念的未來顧客，可能就住在你選的地點附近，如果他們加入，不但幫你把超市開起來，而且他們獲得會員卡後，超市一開門營業，他們就能享有折扣和優惠，所以這是雙贏局面。由於你製作的會員卡數量有限，如果超市即將開店的消息在附近一帶傳開，理論上會員可以將會員卡價格炒高。現在，你將「會員卡」換成「加密貨幣代幣」，再將「超市」換成「區塊鏈公司」，這就是ＩＣＯ熱潮的原理。二〇一七年，許多人意識到，加密貨幣技術（尤其是以太坊）能讓他們製做自己的會員卡，並為一間不存在的超市辦理群眾集資。

若說加密貨幣的歷史，是一部日漸去中介化的歷史，或至少是關於去中介化的一波波**論述演變**的過程，那麼對ＩＣＯ的描述就該是：它將消滅身為中間人的風險資本家這一個特定行業。代幣可以為有前途的新創企業消除獲取資金的一切障礙：任何有想法的人（尤其是和加密貨幣或區塊鏈相關的想法）都可以繞過風險資本家和機構投資者，直接從未來用戶那裡籌集資金，然後付給他們一些代幣，讓他們在計畫一旦完成後，就能依此獲得一些好處。另一方面，想要投資科技的人，也可透過這種機制掌握一些權力：代幣可以讓他們投資自己喜歡的公司，即使他們沒有沙烏地阿拉伯或退休基金機構所掌握的大把現金，也沒有風險投資公司所具備的有力人脈。專業投資者將被小型投資者（或粉絲）和公司創辦人之間的直接關係所取代。萬事達幣背後的開發者、自封為ＩＣＯ發明人的Ｊ．Ｒ．韋列特[1]，曾在二〇一三年探討比特幣之未來的圓桌會議上，大力宣揚了這一論點。[2]他說：「今天，很多人還不知道，如果想在比特幣之上建構一個新的協議層，根本不必去找風險投資家就可以辦到。

「如果你找來一群具知名度的、值得信賴的人，然後宣布：『我們將創建一個新的協議層。它擁有甲、乙和丙的新功能，並架構在比特幣之上。這是我們這群人的名單，這是我們的計畫，這是我們比特幣的位址，凡是將幣發送到該位址的人都將擁有我們新協議的一部分。』任何人都可以這麼做。」

這有點像在Kickstarter網站平台上從事去中心化的群眾募資活動（但Kickstarter畢竟還是一個中介者），並且透過加密貨幣的加持，讓人產生擁有股權的感覺（出資者都「擁有我們新協議的一部分」，但這概念注定引發大量教人頭痛的問題）。ＩＣＯ不僅被吹捧為可以繞過風險投資公司，而且還被讚譽為解決了開源計畫籌集資金時——就像大多數區塊鏈協議的情況那樣——普遍遇到的困難。

風險投資家兼歐洲區塊鏈基金Outlier Ventures的執行長傑米·伯克，在二〇一七年曾告訴我[3]：「拜ＩＣＯ之賜，開放原始碼促進會（open-source initiatives）

有史以來首度可為投資者帶來利潤。

「以前，（這些促進會）都依賴捐款，而且本質上都是無利可圖的，人們只出於倫理的目標才那樣做。如今參與的人還多了經濟上的激勵。」一旦項目啟動，所謂的經濟激勵（類似那張尚未製作出來的超市的會員卡）在於，它的代幣可以放上加密貨幣的交易平台或是二級市場轉售，以獲得利益回報，而其價格的漲跌全由供需的鐵律所決定。

雖然這種論述令人興奮，並符合加密貨幣最初的「反抗權威」精神，然而，當你從理論走向實踐時，看似完美的點對點風險投資大樓開始嘎吱作響。如果利用去中心化的、匿名的、不受監管的平台，為尚待創立的計畫籌集資金，勢必會吸引一些不討人喜歡的人，他們什麼都不出售，卻一心想從中得到好處。此外，看到比特幣和以太坊價格不斷飆升時，每個人（從比特幣大亨到客廳裡的業餘操盤手）都想趁早投資某種未來可能行情一路走俏的代幣：在這種心態中，投機的興趣大於資助聰明的創業計畫。到頭來便出現《富比世》雜誌封面所報導的「有史以來最狂熱的泡沫」。

獨角獸企業的泡沫

假設現在是二〇一七年，你想創立一項ＩＣＯ。首先，你需要交出一份白皮書，亦即一份陳述你希望成立的公司或推出的服務的ＰＤＦ。它可能包含一些你將用以構建產品的代碼，但這並非絕對必要。你要撰寫的是一些看起來相當正式的東西，不過也不必像首次公開募股的招股說明書那麼詳細和可受驗證。你甚至可以抄襲一部分之前成功的ＩＣＯ白皮書[4]，以加快作業速度。

白皮書的關鍵部分在於，你要費心解釋採用何種方式來銷售代幣。從 The DAO 時期開始，大多數的ＩＣＯ[5]都使用以太坊的 ERC20 代幣。代幣會經由智能合約發行，而根據該合約的設計，系統會吐回一定數量的代幣以換取一定數量的以太幣。正因如此，在ＩＣＯ狂潮期間，以太幣的價格才會不斷飆升[6]，因為潛在的投資者會囤積以太幣以便參與其他的ＩＣＯ。（比特幣的價錢在二〇一七年十二月上漲到一枚一萬九千七百八十三．〇六美元的歷史高價，但這種驚人上漲背後的原因，一時還看不太出來。）

儘管矢言要走民主化的路線，然而推動ＩＣＯ計畫，並「預售」一定比例之代幣的做法並不少見。在這種封閉式協議中，合格的投資者準備好拿出大量的比特幣或以太幣，以折扣價換取一籃籃的代幣。這階段一旦結束，ＩＣＯ幕後的人便將大部分的精力用在鼓吹炒作，以吸引最多的人參與「群眾集資」活動，即在線上大量拍賣代幣。

他們會在科技展中推銷產品，製作精美影片，把ＩＣＯ宣傳為明日之星，同時利用社交媒體和通訊應用程式上的群組功能，在銷售前召集大群粉絲。他們還會架設一個網站，其中列出團隊成員以及知名科技顧問或名人[7]。在某些案例中，顧問確實支持ＩＣＯ項目，但在其他情況下，當他們發現自己的名字被騙子盜用時已經太晚了。有些網站還設定了群眾集資活動開跑前的倒數計時功能。

拍賣可以採取多種形式，不過每一種都有其缺點。二〇一七年六月，由於維塔利克．布特林本人所建立的平台，在代幣兜售者的重壓下開始嘎吱作響，他因此在部落格上發表了一篇長文[8]，分析ＩＣＯ拍賣所呈現的博弈理論噩夢。當時的ＩＣＯ「沒設上限」，也就是說，不管多少資金進來它都接受，然後就發行相應數量的代幣給購買者。然而，因為公司湧入大量（加密）現金，會引起監管機構的警覺。整體而言，這情況對加密貨幣事業來說是不利的，尤其是在定義不明確的法律生態中銷售準金融工具時，更是如此。或者，銷售活動也可預設「上限」，即ＩＣＯ只接受一定數額的資金（例如五百萬美元、十萬英鎊或一千五百枚以太幣等）。這裡的風險是，ＩＣＯ的集資活動就會在幾秒鐘內結束，因為瘋狂的買家會搶光所有的代幣，導致許多其他潛在的買家抱憾而歸。事實上，這種閃購已成為ＩＣＯ美好年代的常態。二〇一七年四月，由設立在區塊鏈上的市場預測公司 Gnosis，它所運營的ＩＣＯ更是在十二分鐘內籌集到一千兩百五十萬美元；隔月，和瀏覽器品牌 Brave 相關聯之代幣，在首度發行的三十秒內即籌得三千五百萬美元。讓問題更加複雜的是，大多數情況下，ＩＣＯ背後的公司會自己保留大量的代幣，並以代幣支付員工薪資，因此產生操縱銷售和代幣價格的不良動機。[9]

但是，儘管有這些複雜的情況和危險的信號，代幣（也被某些批評家直指為「垃圾幣」）的風潮當時仍席捲全球。風險投資公司 Fabric Venture 和加密貨幣諮詢公司 Token Data 的一份報告指出，截至二〇一七年年底，ＩＣＯ已經籌集了五十六億美元。[10]其中一些資金流向了可疑或全然不正道的計畫，甚至連「無用以太坊代幣（Useless Ethereum Token）」的搞笑ＩＣＯ都出籠了，其標誌是一根中指，竟也籌集了六萬兩千美元。因為大家都害怕錯失機會，再加上極其活絡的線上市場和平台，讓代幣可以在絲毫不受限制或監督的情況下進行交易和投機，凡此種種，為世界造就了一顆全面發展的加密貨幣泡沫，在這泡沫中，大家爭先恐後搶購數位貨幣，以便用在未來才會建構起來的線上平台。布特林在那篇部落格文章中也承認，自己銷售的產品先天就帶有風險，並提出了一個非常務實的陳述，即泡沫不是因為買家容易上當或不理性的結果。他寫道：「加密資產肯定具有一種奇怪的泡沫特質。不過，我們也有十足的把握認定，在許多情況下，銷售階段的參與者並沒有做錯任何事，至少對他們自己來說是這樣的。」只要泡沫不斷膨脹，囤積代幣就是合理的行為：二〇一八年波士頓學院學者雨果・貝內代提和倫納德・科斯托維茨基的研究發現[11]，代幣從ICO出現之日到它們開始在線上平台上交易之日，平均升值百分之一百七十九。（因此，最安全的策略便是在ICO中購買代幣，並在它們上線後立即出售。）

號稱史上規模最大ICO的故事，就生動地概述了這段激動人心的日子。它叫做EOS，目標在於建立一種新的區塊鏈，以求在威力上和多功能優點上皆可和以太坊媲美。EOS的發起人是加密貨幣界的傑出人物，並受到總部設於開曼群島的 Block.one 公司支持。EOS當家的開發員是丹尼爾・拉利美，也是第一個提出DAO的概念的人。[12]至於其ICO的公眾形象，則由昔日的童星布羅克・皮爾斯擔綱。他曾演出過迪士尼電影《野鴨變鳳凰》和《第一公子》，之後開始成為科技界企業家。他第一家公司名為「數位娛樂網」，可被視為網飛公司的原型，但卻在二〇〇〇年倒閉，原因是皮爾斯和他的共同創辦人被指控性侵兒童（對皮爾斯的指控後來不成立，但該公司的執行長馬克・柯林斯雷克托則被定罪）。皮爾斯緊接著又創立了「線上遊戲娛樂網」（Internet Gaming Entertainment，簡稱IGE）。這家公司雇用了數千名遊戲玩家，一連幾個小時玩《魔獸世界》等線上遊戲，以獲取特殊的數位獎項（稱為「黃金」），然後IGE再將其轉售給無法自行找到黃金的遊戲玩家以賺取美元。在IGE時期，皮爾斯曾聘請斯蒂芬・K・班農（後來成為美國前總統唐納・川普的首席理論家和策略家），但此人當時只是一名具有投資銀行背景的電影製片人。班農最終在二〇〇七年取代皮爾斯成為IGE的執行長，不過兩人仍然保持密切的聯繫。離開IGE後，皮爾斯的事業從兜售遊戲內的「黃金」轉到加密貨幣和ICO，而這種轉變對他來說幾乎是自然而然的（他曾是韋列特「萬事達幣」事業的共同創辦人之一）。二〇一七年[13]，我曾在皮爾斯推廣EOS的路演上碰到他，他告訴我：「我一輩子都在做同樣的事。」

ＥＯＳ的ＩＣＯ持續整整一年，從二〇一七年六月到隔年六月，每天都能售出數百萬個代幣。在那段時間裡，Block.one 團隊（通常由皮爾斯領導）周遊世界，在科技會議、見面會和光彩奪目的通宵派對上推銷這個項目。皮爾斯一身未來派的牛仔裝束，配戴象徵加密貨幣的叮噹掛墜，細細描繪ＥＯＳ即將實現的目標，並用鼓舞人心的談話，預告了一個類似於「火人祭」（每年在內華達州沙漠中舉行的、可以裸體的節慶，在矽谷人之間頗受歡迎）、由加密貨幣推動的烏托邦。皮爾斯後來於二〇一八年三月離開 Block.one，不久前喜劇演員約翰．奧利佛才在他的深夜節目中，嘲笑皮爾斯宣傳的火人祭理念以及誇張的承諾，還有他主辦的獨角獸主題婚禮（在火人祭中舉行）。皮爾斯並沒有被嚇倒，反而將精力重新投注在波多黎各，為當地創建一個加密貨幣社區。二〇二〇年，他以獨立候選人的身分在親科技的平台上競選美國總統。

ＥＯＳ的ＩＣＯ最終以四十二億美元的以太幣，售出了十億枚 ERC20 代幣，是有史以來最成功的代幣銷售案。在銷售開始之前，Block.one 已宣布不會投資資金在其中，以免干擾拍賣，並可避免將收到的以太幣重新投回自己的ＩＣＯ而造假抬高代幣的價格。但該限制不適用於 Block.one 的個人成員。媒體感到不解的是[14]，剛剛為 Block.one 贏得一大筆財富的代幣，為何在ＥＯＳ網站上卻被描述為「沒有任何權利、用途、目的、屬性、機能或者特性。」從法律上講，它們比沒有用處更糟糕。

從好的方面來看，至少ＥＯＳ區塊鏈確實在二〇一八年六月建立並推出，今天它已是一項相當成功的計畫。以往大部分的計畫都難以保證會成功。許多計畫挑明了講，他們最後可能無法交付產品，並將其ＩＣＯ籌集的資金稱為「捐款」。波士頓大學的研究估計，截至二〇一八年四月，在所有進行代幣銷售的計畫中，有百分之五十六在ＩＣＯ推出後的一百二十天內便無聲無息了。隨後，安永會計師事務所於二〇一八年十月發布的一份報告指出，[15]在二〇一七年推出的最成功的八十六項ＩＣＯ中，只有三分之一在一年後推出了產品或產品原型。截至二〇二〇年八月，眾包網站 deadcoins.com[16] 列出了一千九百二十八種有問題的代幣，包括拙劣模仿的、不再流通的、遭駭客攻擊或詐騙的。其中有些騙局臭名昭著，已經快成為傳奇的地步，而維卡幣的案例已夠格收入教科書裡。這是一樁價值高達四十億美元的龐氏騙局，其始末後來在英國廣播公司的熱門 podcast 中以「失蹤的加密女王（The Missing Cryptoqueen）」開了個專題探討。

太多錢在四處流動，有些人開始受到傷害。儘管許多計畫都瀰漫著肆無忌憚的拓荒精神，然而，ＩＣＯ並非在塵封的沙龍中或在外星球上誕生的。它們推出的地方，都是對金融產品銷售訂立了明確規則的國家。當局要把ＩＣＯ歸為什麼類別時，必然摸不著頭緒，但他們終究是注意到了，雖然反應比較緩慢。他們再也無法忽視ＩＣＯ，並且開始採取手段。

法律就是法律

什麼是代幣？許多圍繞著ＩＣＯ相關規章的辯論和監管的實務，都取決於這個問題的答案。代幣是以太坊上的一串代碼。它是一種數位資產，專為投機買賣設計出來的東西。在最悲慘的案例下，它是一個人容易上當受騙到何種程度的指標。

在二〇一七年，在法律上代幣仍是個未知數，但可能成為爆炸性的話題。比特幣因創始人不明、去中心化和匿名的特徵，或多或少逃避了法律的管轄，而且因為沒有個人或公司對它負責，所以法律無法動它一根寒毛。以太坊擁有像布特林這樣魅力十足、但帳面上並未握有實權的領導人物，不過他們仍具備這領域前輩的神祕性質。相較之下，ＩＣＯ（或至少那些不想立即被人視為騙局的ＩＣＯ）必須明確交代由哪家公司和哪個人負全責，因為如果發生任何麻煩，他們就得善後。加密貨幣源自於不接受任何權威和法律約束的次文化。如今，這項技術已變成了一種殺戮工具，用以銷售白皮書的承諾和數位硬幣，然而，「代碼就是法律」的迷思，已被手銬的碰擊聲和清晨的敲門聲粉碎了。代碼並非唯一要遵從的法律，你還得服從當地的法律。**法律才是法律**。

這就是為什麼儘管J・R・韋列特最初的願景是向每位買家分發「我們新協議的一部分」，但大多數營運ICO的新創企業很快就學會避開這種模式（至少表面上是這樣）。韋列特觀點的癥結在於，它讓ICO聽起來很像是在出售證券，這就引發監管當局的好奇了。

在美國，即使沒有明確聲明為證券的資產，也有可能被美國證券交易委員會（簡稱SEC）認定為證券。自從SEC對 W.J. Howey Co. 的訴訟案以來（一九四六年，最高法院以佛羅里達州某處的橙樹林為爭議點的里程碑案件），SEC對證券的定義包含「投資合約」，這術語被理解為「一個人將其資金投資於一家普通企業的交易，且其預期的利潤完全來自發起人或第三方的努力。」任何銷售代幣的公司，只要吻合這樣的定義，都有可能因未通過SEC的審查和註冊程序（或未申請豁免）就自行出售證券而被起訴。隨著ICO熱潮全面爆發，SEC為了明確闡明這一點，在二〇一七年夏天發布了一份關於 The DAO 的十八頁報告[17]。其結論是，天網半途而廢的ＩＣＯ確實是Slock.it一手策畫的非法證券銷售。ＳＥＣ沒有採取任何後續的懲罰行動，所以看起來比較像是一個警訊，警告各公司不要對自家推出的ＩＣＯ計畫等閒視之。誰也不能再推託自己不知相關規定了。如果他們把代幣賣給美國公民，那麼可以確定的是，ＳＥＣ會主動介入調查。

在ＳＥＣ發出警告之前（之後更是如此），已經有一些計畫設法將落入審核機構監管範圍的可能性降到最低。其中簡便的方法包括在白皮書中聲明代幣不是證券，或禁止美國公民參與ＩＣＯ，並希望他們不要使用任何技術策略來購買代幣。另一種方法，是將個人購買的代幣包裝成「實用性質」，即讓它在該平台上具有明確用途，例如當作區塊鏈賭場的籌碼，或是可用來租借區塊鏈上的雲端存儲服務。基本上，購買實用代幣是為了使用它，而非囤積再以更高的價格轉售。

問題在於，公司對其代幣屬性的解釋，可能與ＳＥＣ的解釋不同。以加拿大通訊應用程式「看客（Kik）」為例：二〇一七年，這家公司透過銷售「看代幣

（Kin）」籌集了一億美元，據其宣稱，該代幣可用來支付應用程式的費用。看代幣的推廣者認為，自己銷售的是一種新的「通用加密貨幣」[18]，而且就定義來說，貨幣本身幾乎就是一種實用代幣。（SEC在二〇一九年十月確實曾聲明，比特幣不是證券，因為「當今購買比特幣的人並不依賴其他人的基本管理和創業成果來產生利潤。」[19]）不過，SEC卻有其他的想法：二〇一九年六月，它指控看客進行非法發行證券[20]，理由是看客以「投資機會」的名譽行銷看代幣。SEC的立場是：無論代幣的功能為何，反正它的行銷及發放方式，都足以將其認定為證券。到了二〇二〇年，看客仍在與SEC爭論定義的問題，但這場廝鬥已經造成損失：二〇一九年九月，該公司宣布即將關閉其應用程式[21]，並將投入一切資源與SEC周旋到底。Telegram 是另一款流行的通訊應用程式，曾考慮在公開ICO中推出代幣，於是二〇一八年初，Telegram 在已向SEC註冊的預售活動中，出售價值十七億美元的代幣給合格投資者，但這計畫受到SEC臨時限制令的打擊，最後在二〇二〇年五月取消了。

SEC對ICO的態度是很嚴格的。二〇一八年美國參議院聽證會上，SEC主席傑伊・克萊頓簡潔地說：「我認為自己看過的每一種ICO，都是證券。」

情況有可能更糟。中國和南韓都在二〇一七年九月徹底禁止ICO。但情況也可能好轉。例如二〇一八年初，包括以太坊基金會在內的多個加密貨幣組織所在地的瑞士，其金融機構公布了ICO資產的三種類型，即「支付代幣」、「實用代幣」與「資產代幣」。任何一家要推出ICO的瑞士公司，都可以向金融機構詢問其代幣屬於哪種類型，以便預先做好準備，避免觸犯洗錢法（就支付型代幣而言）或證券法（就資產型代幣而言）。從開曼群島到香港和直布羅陀，好幾個國家也競相對ICO伸出友善的雙手。

然而，到了二〇一八年一月，ICO泡沫已經處於大流行的中期階段。越來越多的監管審查和騙局如雨後春筍般湧現，將ICO籌集的以太幣兌現成法定貨幣，以及「比特幣現金（Bitcoin Cash）」鬧分家而引發的緊張局勢，這些都可能是釀成這場災難的原因。我們所知道的是，到了二〇一八年九月，比特幣、以太幣，以及其他所有的代幣，因被拋售導致整個產業的價值縮水百分之八十[22]。二〇一七年十二月，比特幣的價格徘徊在兩萬美元上下，到了二〇一八年即暴跌至五千五百美元。所謂的「加密寒冬」已經開始。

有些觀察家將通貨緊縮和當時近期內的情況做了比較。總部位於瑞士、專事投資兼加密貨幣業務的控股公司 Crypto Finance，其董事馬克・伯內格就說：「這和當年的網路泡沫非常相似。當大家意識到這只是一段特定時期的投機，有些人就完全離開了，這和二十年前網路泡沫破裂後發生的情況雷同。他們需要多些時間才能體認到，加密資產將會繼續存在。但有些人則藉此機會，更深入了解整件事的全貌，並意識到ＩＣＯ其實和加密資產的真正潛力，並無太大關聯。」在這產業中經常可以聽到這種說法：ＩＣＯ的擺闊是愚蠢的、虛幻的，但一些誠實的公司還是會以明智的方式運用加密貨幣，因此加密貨幣不是不可能再從廢墟中爬起來的，就像亞馬遜和 eBay 在網路泡沫化後非但倖存下來，後來還蓬勃發展了起來。

ＩＣＯ本身沒有完全消失。有些仍然以新樣貌和新名目繼續存活著，例如「證券型代幣發行」（簡稱ＳＴＯ，即符合證券法並得到相關金融機構批准的ＩＣＯ）。另一個新名目是「首次交易發行」（簡稱ＩＥＯ，即在加密貨幣交易所、而非透過智能合約或其他平台進行的ＩＣＯ）。ＰｗＣ顧問公司[23]在二〇二〇年春季公布的一份報告指出，二〇一九年前十個月，包括ＩＣＯ、ＳＴＯ和ＩＥＯ在內的三百八十筆銷售，總共籌集了四十一億美元，比二〇一七年預估的五十六億美元[24]和二〇一八年預估的一百五十億美元[25]低，但還稱不上是一場徹底的災難。

伯內格說：「代幣的理念仍然存在，但是『讓我們搞個ＩＣＯ，來為哪個新奇計畫籌措資金吧！』的心態，以及以此心態建立的產業和炒作行為，已經完全消失了。」

第四章

穩定幣與金融

長期持有、連帽衫和西裝

ＩＣＯ泡沫隨著狂熱的交易、欺詐性的銷售，以及監管上的混亂，終於在二〇一八年破裂了，於是就進入了經貿刊物和推特專家所謂的「加密寒冬（crypto-winter）」階段。趴踢結束，但隔天依然宿醉。ＩＣＯ引發的後果必會遠遠超出一時的流行，此即加密貨幣金融化的現象。它的過程頗為漫長。比特幣當初就是作為一種交易媒介而被創造出來的：數位貨幣為了黑暗市場經濟交易，並避開審查。但隨著比特幣的美元價格暴漲、暴跌，又暴漲（跟一片比薩等值的比特幣，突然貶到迴紋針的低價、然後又漲到一艘遊艇的價格）。很顯然地，看待數位貨幣最好的方式即持有或拋售，而非花掉；它應該被視為一種金融資產，不是一疊數位鈔票。Hodl是一個由拼錯的字演變而來的網路迷因，鼓勵人們持有、而非賣出或使用加密貨幣。隨著代幣泡沫席捲全球，Hodl已成為社交媒體上的口號，有時還伴隨著「上月球去！（to the Moon!）」這口號，代表某種加密資產價格的走勢圖，可以不斷攀升的心願。（也有很多人用藍寶堅尼來開玩笑：買一台藍寶堅尼，簡稱「Lambos」。）

留意到這種現象的不只是迷因族群和線上論壇的常客。二〇一七年，曾控告馬克．祖克柏（臉書創辦人）侵犯其智慧財產權、胸肌厚實的雙胞胎 Winklevoss 兄弟（即 Winklevii），宣布他們的加密貨幣交易平台 Gemini 已和「芝加哥選擇權交易所」合作，推出比特幣期貨。同年，金融大亨邁克．諾沃格拉茨將百分之二十的淨資產，錨定在比特幣和以太幣上，同時啟動了一項五億美元的對沖基金，專注於加密貨幣和ＩＣＯ。他在接受彭博社採訪時，興高采烈地指出，全世界正在見證「我們這一生中最大的泡沫」[1]，並且收穫豐盛。

然而，一如諾沃格拉茨常宣稱將錢投入 hodl，摩根大通執行長傑米．戴蒙也常將比特幣形容成「詐騙工具」。（劇透警告：幾年後戴蒙會吞回一部分他說過的話。）但是不可否認，比較傳統的投資者對加密貨幣的接受度正在增長。最初，加密貨幣產業是穿著連帽衫的程式人員和腦袋靈光的科技人的專利，現在，則是穿著時尚的正裝人士在關注，這種趨勢自從ＩＣＯ的喧擾消退後，便固定了下來了。Crypto Finance 公司的馬克．伯內格，在二〇二〇年夏天時說道：「三年前，主要是那些走運投資了以太坊的人，才表現得那麼瘋狂，而且他們自認為很聰明，因為他們賺進了幾十倍的收益。如今，大多數活躍於該領域的投資者，都是以前在玩對沖基金的，或者是曾在華爾街和其他著名金融公司工作的專業人士。

「這是一個完全不同的體系，但是是合法的：進入這領域的步驟已經建構得當了，你不能用加密貨幣來投資，必須用傳統的法定貨幣才行，並且嚴格落實『客戶身分審查』的要求。」

今天，有些投資者是為了避險的金融專業人士。伯內格說：「在當今受新型冠狀病毒大流行肆虐的『不明朗時期』中，尤其如此。」（這種直覺是否正確值得商榷：在新型冠狀病毒肆虐初期最嚴重的時候，比特幣的價格與比較傳統的資產價格同步下跌，尤其拉低了標準普爾 500 指數；但另一方面，到了二〇二一年一月，比特幣的價格飆升至四萬一千美元的歷史新高，《金融時報》將其歸入「機構型資產」的類別。）

其他則是為富裕家族提供財富管理的私人公司，以及負責管理龐大遺產財富的組織，他們渴望從這種新型資產中得到好處，也著迷於加密貨幣（特別是比特幣）的特性。伯內格說：「這些極其傳統的大家族有時會完整保存他們的財富代代相傳下去，其中有些家族曾在兩次世界大戰之間，嘗到惡性通貨膨脹的苦果。如今吸引他們的，是這種新型資產形式的優點：不和其他東西連動、不受政府控制且在某種程度上超越現有的金融系統。我們說的是黃金二·〇」。

然而，日內瓦商學院的區塊鏈科技教授菲奧倫佐·曼加涅羅認為，這種趨勢仍處於起步階段。他說：「機構型的玩家已開始涉入這個產業，但人數還不是太多，其原因是：為使加密貨幣制度化，你還需要其他基礎設施。私人用戶可以只用網路錢包，但如果銀行想要投資，則需要更結構化、更安全的東西：例如實體錢包或冷儲存（不是以網路來存儲加密貨幣的硬體）等解決方案。」曼加涅羅認為值得注意的是，二〇二〇年第一季度對加密貨幣技術的投資，有一大部分都用在冷儲存、加密貨幣銀行服務、加密貨幣挖礦方面的基礎設施上。

然而，加密貨幣金融也不是西裝人士的專屬領域。對沖基金經理、銀行家和抱負極高的有錢人，都意識到加密貨幣的機會，而那些持續關注加密貨幣每一次的轉折變化（包括設計與測試、囤積或拋售、嘲笑或有志「上月球去」）的鬆散網路社群，也在ICO熱潮消退之後，轉向金融領域。以太坊成為金融智能合約試驗的首選平台，它也發揮了以區塊鏈為基礎之實體的優點：以更加結構化和一致的方式進行交易、借貸和投機，而不是冒著被騙的風險，去搶購和拋售ICO代幣。加密貨幣的天空出現了一個新的星座，即「去中心化金融（Decentralised Finance）」（簡稱 DeFi），其發展步調雖然緩慢，但也很穩定。

以太坊基金會的卡爾・弗洛施說：「DeFi 源於ICO的熱潮：它憑空創造了龐大的價值，每個人都將這系統當作搖錢樹。接下來的問題是：『好，那麼我們該如何利用這個價值？我們又該如何構建相關體系？』」

弗洛施接著表示：「這喚醒了許多散戶投資客的動物本能。他們意識到：『現在我既然握有這項資產，且讓我拿它來交易、投機，用它來創造合成衍生性金融商品。』以太坊因為具有可組合性，所以可以生產能夠互動的金融資產和金融工具。」

這就是 DeFi 最終粉墨登場的方式，但倒不一定是它開始的方式。DeFi 的源頭（或至少是 DeFi 拼圖中最重要的那幾塊）實際上可以追溯到以太坊創立之初，甚至還要更早。要了解是什麼讓 DeFi 不斷向前發展的，我們需要暫退一步……先談談「穩定幣」。

追求穩定

如果比特幣最後成為了一種資產，其原因即很多人被說服了，認為它不能當作貨幣使用。造成這種情況的原因很多：網路太慢且難以升級、接受度不理想、仍有一絲非法的疑慮，總歸一句話，就是不穩定。沒人想用比特幣買了蘋果後，看到加密貨幣的價格飆升再來後悔不已。另一方面，只有最激進且徹底遵從哈耶克思想的果菜商，才會以數位貨幣出售蘋果，因為數位貨幣的價值可能在一頓下午茶的功夫，就暴跌了。儘管如此，肆無忌憚的數位貨幣投機交易、線上炒作、恐慌心態，以及不受金融機構監管，在在使得這種波動似乎難以避免。

穩定幣的概念正是在這種背景下，於二〇一〇年代初期出現的。雖然穩定幣具有多種形式及技術成分，但其重點在於將加密貨幣的波動性降至最低，讓它盡可能具有法定貨幣（通常是美元）或黃金、原油等資產的穩定性。避免價格大幅波動的最佳方法，就是依靠儲備：即為創造出來的每一單位加密貨幣保留一單位的法定貨幣（例如一美元），並保證前者隨時可以兌換成後者。

這正是泰達幣的主要特質，它也是史上最早、當然也是最成功的一種穩定幣。二〇一四年推行泰達幣的人當中，最引人注目的即過去因萬事達幣、後來因

EOS而聲名大噪的布羅克·皮爾斯。（皮爾斯後來說，他在二〇一五年即切斷與泰達幣的所有關聯。）最初，泰達幣是作為一種彩色幣，在比特幣協議上運作的，但隨著時間的推移，它也可以在以太坊、EOS和其他區塊鏈上進行交易。

泰達幣的功能很簡單，就像它的白皮書所詳述的[2]：客戶向泰達有限公司（或其姊妹公司泰達國際有限公司）支付一定數額的法定貨幣，以換取等量的代幣（即泰達幣）。換句話說，如果你向泰達幣支付十萬美元，你就會拿到十萬枚泰達幣。這些代幣可以交換其他的加密貨幣或移轉給其他用戶，也可以換回當初的法定貨幣現金，但需扣除手續費（泰達幣主要的收入來源）。一旦泰達幣被贖回，泰達有限公司就會將其「銷毀」，使其失去效力，其目的在於維持法定貨幣與泰達幣之間的平衡。截至二〇二〇年九月，泰達有限公司已經創建出與美元、歐元和離岸人民幣掛鉤的穩定幣，並剛剛推出了泰達金幣，這是一種由「倫敦合格交割的一金衡盎司黃金條塊」所支撐的代幣。

從一開始，人們就懷疑泰達幣擁有足夠的儲備來支撐其每一枚代幣的說法，因為其不確定性有時導致代幣低於掛鉤的一美元價格（一度低至每單位〇・九二美元）。這是一家在英屬維爾京群島註冊的台灣控股公司，雖然這家公司一直承諾其銀行存款可以接受獨立審計，但多次都未能兌現。二〇一七年十一月，情況變得更壞：當時泰達幣宣布[3]，公司的錢包遭到駭客竊走價值超過三千萬美元的泰達幣。駭客攻擊直接導致暫停泰達幣換回法定貨幣的業務：用戶要麼繼續持有泰達幣，要麼透過提供此類服務的特定加密貨幣交易平台兌換它們。泰達幣最終在二〇一八年十一月恢復兌換業務，但同時也規定兌回法定貨幣的最低門檻為十萬美元，此外，還需支付新名目的高額手續費。泰達幣兌回美元由原本的不可能，轉變成現在的困難重重。

在加密貨幣泡沫最讓人頭痛的幾個月裡所發生的事，引起了更多的關切。這種憂心來自於泰達公司與全球數一數二大型加密貨幣交易平台Bitfinex的關係。法庭紀錄與天堂文件（Paradise Papers）披露關於離岸投資的資料顯示[4]，兩家公司的主要股東和經理竟是同一批人，從而引發了利益衝突的問題。二〇一八年六月，比特幣價格在六千美元附近波動，德克薩斯大學奧斯汀分校的研究人員發表的一篇論文[5]，丟出了更重大的危機訊號。該研究探討了二〇一七至一八年當時正在縮小的比特幣泡沫，是否部分為泰達公司和 Bitfinex 共同策畫的市場操縱結果。該項研究分析二〇一七年三月至二〇一八年三月間泰達公司的整體流動情況，研究人員發現，泰達公司大多數的交易都由 Bitfinex 操縱，大量的穩定幣從那裡轉移到其他交易平台，並兌換成比特幣，從而墊高了其價格。這些交易的時機點引起了研究人員的注意。該論文寫道：「用泰達幣購買比特幣的時間點落在市場低靡之後，結果導致後者的價格大幅上揚。」

值得注意的是，泰達幣流向 Bitfinex 的數量十分驚人。研究人員認為，這說明了，要麼不知哪個大玩家在 Bitfinex 上投資了巨額美元買進泰達幣後，就在固定一段時間將泰達幣兌換成比特幣；要麼泰達公司一直向 Bitfinex 灌入不受美元支撐的穩定幣，無中生有變出泰達幣，只為拉抬比特幣的價格。該研究認為，這種做法可能就是因為利慾薰心：泰達公司幕後的人可能持有比特幣，他們為了個人利益而企圖拉高比特幣的價格，又或者為了增加泰達幣自己的儲備量。不管是什麼原因，該研究強烈暗示，有心人士無視泰達幣與美元掛鉤的承諾，大量生產泰達幣。

有些人對此研究結果提出異議：除了泰達公司和 Bitfinex 本身否認外，加密貨幣顧問公司 LongHash 也認為[6]，泡沫期間流通的泰達幣整體供應量並不足以有效操縱市場。其他人則堅信上述研究的結果，二〇二〇年三月，在紐約發起一項集體訴訟，指控泰達公司和 Bitfinex 操縱市場，並明確引用該論文作為證據。[7]

泰達公司的麻煩還沒結束。二〇二〇年七月，紐約上訴法院批准了[8]一項調查泰達公司的穩定幣是否真的和實體美元掛鉤的計畫。自二〇一九年底泰達公司調整其服務條款以來，這個問題變得越來越耐人尋味，也就是說，其儲備不只限於貨幣，還可包括「現金等價物」以及其他資產。到二〇二〇年九月，有超過一百四十億美元等值的泰達幣在流通；後來該公司承認只有百分之七十四的代幣是有完全擔保的，但完整的審計查核仍未完成。

在一個異常動蕩的產業中，泰達幣既是數一數二大型又特別遭人非議的加密貨幣。來自加密貨幣價格追蹤網站 CoinMarketCap.com 二〇一九年的數據顯示[9]，泰達幣已取代比特幣成為世界上交易量最大的加密貨幣，其月交易量平均比比特幣高出百分之十八。

原因不只一端。區塊鏈分析公司 Chainalysis 二〇二〇年八月的一份報告指出[10]，泰達幣在東亞已成為國際匯款甚至資本全面外逃的首選穩定幣。特別是在中國，因為政府在二〇一七年禁止人民幣兌換成加密貨幣，而泰達幣則可以在 q.t. 上的經紀人那裡買到，通常就用作購買其他加密貨幣的媒介。儘管泰達幣就像之前波動性較大的比特幣，尚未成功變身為一種廣泛使用的交易媒介，但 Chainalysis 發現，中國已有人確實開始將其用於日常交易。

整體來說，泰達幣的主要用途是作為加密貨幣交易的避險工具。伊利諾大學研究員安德魯・米勒解釋：「你想持有穩定幣，因為你一開始累積的資產（例如比特幣或以太幣）相對於美元來說是不穩定的，而穩定幣因盯住美元，會讓你覺得比較安全。」當你希望自己的收益避開市場變化無常的波動時，你可以將比特幣換成泰達幣。與其將加密貨幣交換為法定貨幣（這麼做可能需要操作的時間，在某些司法管轄區還要納稅，有時在交易前，還需要身分驗證），你寧可將其兌換成泰達幣，即使它有諸多缺點，但仍被廣泛視為法定貨幣的替代物[11]。如果持有者想要投入市場時，可以輕鬆從泰達幣切換回比特幣。

身為先驅的泰達幣幾乎吃光了穩定幣市場的大餅。截至二〇一九年七月，歐洲中央銀行的一項分析發現，泰達幣占了穩定幣市場全球交易量的百分之九十五。倒不是說它是檯面上唯一的穩定幣：美國加密貨幣交易所 Coinbase 和溫克沃斯兄弟擁有的 Gemini 都推出了自己的穩定幣。令大家雀躍的是，就連摩根大通也宣布在私有的區塊鏈上推出由美元做後盾的、目的在於簡化跨銀行支付的加密貨幣 JPM Coin。

即使外界對穩定幣的合法地位，以及其財務的穩健性仍存疑慮，但市場正在蓬勃發展，而投資也不斷湧入。儘管如此，你可能已意識到，像泰達幣這樣的穩定幣，其實阻礙了中本聰在二〇〇八年推出第一種加密貨幣時的願景。比特幣被定義為開源的、透明的，而泰達幣卻從未經過適當的審計，並且一直未正面回答有關其儲備的問題。比特幣被譽為一種略過作為中間人的金融機構的工具，而泰達公司**即是**一個中間人，所以在監管機構的要求下，它可以將特定用戶列入黑名單。比特幣的核心價值是去中心化，而泰達公司是一家毫不掩飾的集中化公司，其作為和模糊的法律地位都讓它掌握一股獨特的力量，可以維護或摧毀所發行的代幣之價值。但還有什麼替代方案嗎？

去中心化金融

創造穩定幣有個不可避免的問題，那就是美元不是代幣。如果穩定幣——如泰達幣——必須以法定貨幣或商品作儲備，那麼就應將大量現金或金條保存在某個地方，例如巴哈馬的銀行賬戶或是阿爾卑斯山的地下金庫，瑞士法郎支撐的穩定幣 Rockz[12] 聲稱自己走的就是這條路，但顯然並非如此。如此一來，總要有人負責管理該賬戶，或者保管那座金庫的鑰匙。然而，這些擔保品是無法上傳到區塊鏈的。如果穩定幣與實體世界的資產掛鉤，就必出現一定程度的中心化。

如果一個忠於密碼龐克信條的人，想要恢復去中心化，那麼最簡單的方法，就是取消作為擔保的儲備。二〇一四年，英國區塊鏈企業家羅伯特·薩姆斯發表了一篇相關論文[13]。根據他的建議，加密貨幣（不要忘了，這項技術即是對美國聯邦儲備委員會的不滿而誕生的）為了實現穩定性，乾脆就試看看採用銀行這種集中化的制度。但這不表示非得熱情擁抱不可：薩姆斯仍然認為，集中化、中介和法定貨幣都是不好的。但像比特幣這樣的加密貨幣，其供應量是由數學上的採礦程式預先確定的，故其價格必然隨著需求的上升和下降而劇烈波動，然而，對於這種雄心勃勃、名稱中卻包含「貨幣」二個字的技術而言，便成了一種嚴重的缺陷。因此薩姆斯提議：加密貨幣應該改採雙幣制，也就是說，一個幣用作現金，另一個幣視為股份。每當現金幣的需求量增加時，區塊鏈協議即自動打造現金幣並在出售後轉換成股份幣，然後立刻加以銷毀。反之亦然，當需求下降時，協議應該發行股份幣接著拍賣出去以獲得現金幣，然後也是立即將其銷毀。薩姆斯認為，相較於以法定貨幣作為基準，透過現金分配的彈性調整，可以長期保持現金幣的穩定。該論文提到：「就某種意義上說，這種現金幣和股份幣的雙軌模式體現了法定貨幣中央銀行的功能，卻不具集中化……或銀行的實質。」程式代碼和智能合約自會負責貨幣政策。

薩姆斯的想法（技術上稱為「鑄幣份額」模型或「運算法穩定幣（algorithmic stablecoin）」）是低成本、技術上引人入勝的，也是今天以太坊社群所謂的「密碼經濟學」最純正的化身。這一非正式的研究領域，目的在於探討如何打造一個激勵用戶去維護、而非操控玩弄加密貨幣的環境。但運算法穩定幣模型有如行走在高空鋼索的危險行為，因為它的假設前提是外界對代幣的需求不斷增長，否則拍賣就會失敗，並隨即引發毀滅性的崩盤；加密經濟的策略未免太大膽了。或許因為如此，運算法穩定幣並沒有顯著的成長：有些計畫最後崩盤了，而且再也沒能復原，而另外一些則因牴觸監管原則而半途而廢。根據倫敦經濟學院和分析公司 Blockchain.com 二〇一九年的分析[14]，現有的穩定幣中，只有百分之十九是奠基於運算法上的，當中有些還是得到擔保品的支撐。

然而，在薩姆斯的提議中，有些要素在以加密貨幣為擔保的穩定幣（較受歡迎的去中心化幣種）中，保存了下來。也就是說，這些穩定幣的價值是由加密貨幣、而非法定貨幣的儲備所支撐的。雖然，穩定幣存在的主要原因，就是因為加密貨幣的波動幅度太大，所以聽起來或許有悖常理。解決的辦法，就是對穩定幣進行「超額擔保」，亦即用大量超額的加密貨幣來支撐穩定幣的價值，以便維持它和選定的法定貨幣掛鉤，即使在劇烈波動的情況下也是如此。這就是現存最成功去中心化的穩定幣 Maker DAO 所採用的方法。

Maker DAO 是二〇一四年首批在以太坊推出的其中一項計畫。二〇一六年，它差點遭到DAO的那場毀滅性災難所波及，因為它和DAO都有一項致命的弱點。所幸 Maker 團隊很早就發現了漏洞，從其智能合約中刪除了以太幣，以致在 The DAO 崩潰之際，它還能安然無恙。次年十二月，Maker 推出了 ERC20 穩定幣 Dai。

Dai 可以靈活地與美元掛鉤，擔保它的是以太幣以及少數幾種獲准流通的加密貨幣。當用戶將他的擔保品發送到 Maker DAO 的智能合約（稱為「金庫」）時，它就會將 Dai 發送給該用戶，而擔保品的價值必須至少為 Dai 的一．五倍。換句話說，要取出一百枚 Dai，用戶需要存入至少一百五十美元等值的以太幣（以二〇二〇年九月為例，大約等於〇．四枚以太幣）。用戶一旦償還 Dai 並支付了手續費，即可贖回擔保品。（當然，就像所有的代幣一樣，用戶也可以直接在加密貨幣交易平台購買 Dai。）

大多數用戶會提供更高價的擔保品，以避免自動清算的風險。Maker DAO 會不斷監控作為抵押品的加密貨幣價格，以確保每個金庫的擔保品價值是其發行的 Dai 的一．五倍。如果擔保品（例如以太幣）的價格下跌，擔保品價值不足的金庫會自動清算：這時以太幣就會被拍賣為 Dai，直到用戶償還金庫擔保的 Dai

的價值落差為止。以這種方式回收的 Dai 會被銷毀，以確保擔保品和 Dai 之間的平衡關係。

支撐這套系統穩定性的，是另一種稱為ＭＫＲ的代幣，它在某些方面類似於薩姆斯所發行的共享幣。ＭＫＲ是一種以加密經濟為激勵目的而設計的結構，鼓勵其持有者為 Maker DAO 的平穩運作做出貢獻，而非參與投機或惡意操縱。ＭＫＲ主要是一種「治理代幣」，持有者和股東一樣，可以就如何治理其生態系統的事務進行投票，例如，決定接受哪些加密貨幣作為擔保品，或者發生類似 The DAO 被駭的情況時、在需要更新或面臨市場災難時，決定如何調整 Maker DAO。

而這些持有ＭＫＲ代幣的投票人，心中關注的是，Dai 發行得越多，ＭＫＲ代幣的價值就越高。因為在贖回擔保品時，用戶需要以ＭＫＲ支付一筆費用，然後系統會將這筆ＭＫＲ銷毀，從而推高剩餘ＭＫＲ代幣的價格。相較之下，如果 Maker DAO 上擔保品的價格暴跌，以至於無法藉由拍賣回收尚未償還的 Dai，系統將打造並出售新的MKR來回收資金，從而稀釋既存代幣的價值，亦是對不明智的治理決策的一種打擊。

Maker DAO 精巧設計的架構迅速使其成為最成功的、且由加密貨幣擔保的穩定幣。二〇一八年，這是第一項吸引矽谷安德里森霍羅威茨風險投資公司投資的加密貨幣計畫，這家公司的加密基金共購買了一千五百萬美元的MKR。到了二〇二〇年夏天，錨定在其平台上的擔保品價值已超過十億美元。

與之前的泰達幣一樣，Dai 穩定幣並沒有廣泛當作貨幣使用，而是被當作一種創造槓桿的手段。在最基本的層面上，用戶將他們的以太幣（或其他擔保品）存入金庫以生成 Dai，然後使用 Dai 購買更多的以太幣，用它來生成更多的 Dai，如此循環不息。如果以太幣的價格暴跌，就必須進行自動清算；如果價格上漲，用戶可以用其初始成本的一小部分為以太幣購買必要的 Dai，然後贖回其擔保品並賺取以太幣的淨收益。當然，用這種方式來玩未免太缺乏想像力了：由於 Dai 生成容易、相對穩定，以及它存在於以太坊上（只需鍵入幾個命令字串就可以啟動新的自動化例行程序），這意味 Maker DAO 的代幣可以用作整個金融生態系統的支柱。

就這一點，我們再回到去中心化金融的領域。ICO崩潰後，以太坊開辦大量的智能合約和服務（即DAPP，又稱「去中心化應用程式」），提供從貸款、期貨、平台，到運算法交易各種廣泛的金融業務。就像往常一樣，其賣點是去中介化：擺脫現實世界金融中介機構的束縛，也擺脫已經演變成守門人身分的加密貨幣機構（從泰達幣到像 Bitfinex 和 Coinbase 這樣的加密貨幣交易平台企業）。以太坊的金融應用程式允許你不必經過身分查驗、反洗錢法規，和其他集中式機構的限制下進行交易。何況它還更有趣味。

區塊鏈軟體公司 ConsenSys 的金融技術和去中心化金融部門的一位主管萊克斯・索科林認為：「去中心化金融的優勢是多方面的：首先，理論上它是百分之百超越同時代的，對吧？那是因為以太坊即是如此，所以去中心化金融也是如此。其次就是它的可組合性，亦即分層的能力。」

這意味可以對不同的去中心化應用程式和智能合約進行編程，使其在單筆交易中一個接一個地依序運作（就像堆樂高積木的過程）。你可以輕易設計一套程式，讓它自動從借貸平台借入加密貨幣，然後再將它們丟進去中心化的交易平台，讓其價格下跌，然後再把這些加密貨幣購回並且歸還，如此短短幾秒內就可能入袋一小筆利潤。投資策略已經變成拼圖遊戲，將軟體指令匆匆拼在一起。

索科林說：「你可以設計自己的投資組合，等你有了投資組合，你可以建立保證金，等你有了保證金，你就可以收入利息，等你收入利息，你就可以創造一筆總體固定收益，然後也為代幣設計同樣的投資組合。這種做法加速了一切，並讓它變得非常快。這過程建立在 DeFi 上會加快五十到一百倍。」

這聽起來令人興奮，但它可能會碰上複雜的情況。康乃爾大學教授艾敏．岡．瑟爾說：「人們正在建構非常值得注意的（但主要是實驗性的）工具，這些人主要是不了解實際金融運作方式的業餘愛好者。這些『樂高積木式』的建構十分有趣，可以做到華爾街做不到的事。不過，這些建構當中，最後會產生一些不可預見的互動方式。」

事件A：二〇二〇年情人節那天，加密貨幣界爆出了臭名昭著的「閃電貸」事件。那天，某位匿名的交易人設法從借貸平台 bZx 盜走三十五萬美元等值的以太幣。在那之前，該交易人刻意哄抬 bZx 所依賴的交易平台上的資產價格，以獲取其定價的數據。訣竅何在？這場操弄所要用的資金，是從一個無需提供抵押品就能借貸加密貨幣的平台借來的，儘管借貸的效期非常短，這就是「閃電貸」的由來。這個交易人無中生有變出了很多錢，讓人想起關於DAO駭客攻擊的爭議：這名交易者算是「駭客」嗎？或他只是詳讀過一般人會忽略的附帶細則，知道如何將 bZx 玩弄於股掌間。

我們似乎已經瞥見未來即將浮現的頭痛問題。截至二〇二〇年秋季，DeFi 最熱門的後續發展即是所謂的「流動性挖礦」，只要將代幣存入去中心化借貸市場，就能賺取加密貨幣代幣。不需要管理者、由代幣治理的DAO平台自信滿滿，企圖再次捲土重來。ICO已不復存在，但在二〇一七年仍有人爭先恐後地搶奪治理代幣，並從 DeFi 協議中分得一點這個或一點那個。不過研究表明[15]，參與這波新淘金熱的人，比那些在ＩＣＯ狂潮中輸個精光的可憐蟲較具金融知識。

截至二〇二〇年八月，約有五十億美元等值的以太幣和比特幣在支撐 DeFi 協議，雖然不是教人看了口水直流的大數目，但其增長速度飛快。在二〇一九年十二月時，DeFi 的加密貨幣金額已接近十億美元。大家都在猜，這會造成什麼局面。以太坊基金會研究員卡爾．弗洛施認為，這齣戲可能會以「兵敗如山倒」收尾。他說：「假設 Maker DAO 的抵押品嚴重不足[16]，他們就會打造一堆新的ＭＫＲ，但這還不夠應付。接著所有依賴它的系統都會崩潰，一切都會跟著崩潰。其實還有其他的風險，比如大規模的網路審查與監管，但我認為這些風險都不像市場失靈那麼令人痛心。這些項目是全新的、實驗性的、狂熱的。老實說，推出這些計畫的人，是真正的冒險者。」

總部設於英國的 Outlier Ventures，其首席執行官傑米．伯克認為，儘管

DeFi 先前進行海盜式的實驗，但最終它會成熟並重新回歸主流的金融領域。他表示：「我認為 DeFi 是一個沙盒（sandbox）：即如果我有一個概念，我可以用它來加以測試、驗證。在 DeFi 這個無需預先取得許可的沙盒中，我可以理解那概念的經濟價值。一旦這些我都測試過了，就可以籌集資金、聘請律師。最後，說到主流用戶，在現實中他們都會想要合乎規定的產品保單。

「ＩＣＯ是一個很好的例子：只要ＩＣＯ能賺錢，每個人都支持它，也支持低度的監管。但遇上賠錢的那一刻，你猜他們會怎樣？他們打集體訴訟官司、要求賠償。因此，認定 DeFi 會以某種方式創建平行系統，這樣的想法真是無稽之談。」

就目前而言，DeFi 熱潮最持久的影響，是它席捲了整個以太坊。「無限機器」現在更像是服用了迷幻藥的線上滑稽華爾街。這促使該計畫的開發團隊努力解決可擴充性和速度的問題，這些問題從一開始就存在，但現在變得更加迫切。截至二〇二〇年，該計畫正蓄勢待發，為過渡到所謂的以太坊 2.0 版（又稱 Eth2）

新架構預做準備。另一個重大的變化，即是「工作量證明」的終結，起而代之的是「權益證明」，在這個過程，節點並非透過消耗電力的挖礦來驗證交易，而是透過交易者預付一定數量的以太幣來完事，而如果節點放行一筆無效的交易，就會損失那筆預付金。除了權益證明外，重組還包括其他重大的改變，其最終目的在於將以太坊的處理能力從目前的每秒十五筆提高到每秒十萬筆。

維塔利克．布特林本人在二〇一九年十月發表的一系列部落格文章中，就詳細說明了Eth2漫長旅程的每個步驟。但並非每個人都會注意。在那幾個月裡，各國政府和監管機構確實擔憂加密貨幣，以及它對金融穩定性帶來的風險，但他們並不擔心以太坊、比特幣、泰達幣或是Dai會帶來威脅。他們搜尋的目光投向別處，那就是矽谷。

第五章

天秤幣

臉書幣

穩定幣已成為加密貨幣金融的關鍵，並扮演一波又一波投資獲利的避風港角色。作為交易媒介的泰達幣，在亞洲某些地區越來越受關注，但在大多數情況下，穩定幣主要用來避險，而非當作貨幣。總體而言，加密貨幣在技術上仍大有侷限，又被犯罪和醜聞所玷污，而且至關重要的是，它太小眾了，無法成為主流支付系統的競爭對手。雖然建立在區塊鏈上的錢包總數已從二〇一六年的一千萬個，躍升至二〇二〇年的五千萬個[1]（這不代表有五千萬人在使用加密貨幣，因為一個用戶經常有好幾個錢包），然而截至二〇二〇年，還是和 Visa 卡或萬事達卡——分別為十一億和九．三九億用戶——的量相差甚遠。雖然，區塊鏈錢包用戶的數量持續在增加，但加密貨幣的採用率和接受度仍太低，無法作為合適的貨幣來運作。

如何才能改變現狀？解決方案似乎在於，推出一種可以借助強大技術基礎設施來解決擴展性和延遲性的加密貨幣，這就必須和一個眾人熟悉的、合法性毫無疑問的組織相連結，這個組織還必須可以觸及龐大的、穩定的用戶群，同時利用網絡效應實現大規模的應用。世界上誰能做到這一點呢？

旗下包含臉書、Instagram 和 WhatsApp 的美國社交網巨擘臉書公司，於二〇一八年五月宣布成立研究區塊鏈的部門，由大衛・馬庫斯擔綱領導。他曾主管即時通訊軟體 Facebook Messenger，同時也是支付產業的老將，曾坐鎮 PayPal 公司，且還是加密貨幣交易平台 Coinbase 的董事。馬庫斯是一位明星員工，一直思考如何利用區塊鏈技術來做點什麼。這點在二〇一九年二月臉書收購英國新創公司 Chainspace 時，便得到證實。這家公司的研究團隊曾由倫敦大學學院專攻資訊安全的學者喬治・達尼茲領軍，一直致力於如何構建可擴展的、快速且安全的區塊鏈。

無論臉書做了什麼，它都有可能碰上創立以來最嚴重的公關危機。二〇一八年初，英國《觀察家報》和《紐約時報》刊出的一系列文章透露，臉書竟然允許政治顧問公司劍橋分析公司收集多達八千七百萬用戶的數據，掌握他們的心理狀況，並向當中一些用戶發送二〇一六年唐納・川普競選總統的廣告。還有其他堆積如山的醜聞：例如有人指責臉書沒能有效阻止在其網站上發布的「假新聞」和假消息，還有人揭露它花錢請某家研究機構來抹黑其批評者。當祖克柏在美國參議院就俄羅斯干涉美國大選和緬甸的種族滅絕暴力等問題接受十個小時的詰問時，大家的注意力也就從該公司的區塊鏈策略上移開了。

臉書投入新事業的消息於二〇一九年六月十八日公布，當天網站上發布了一段視頻，顯示亞洲城市居民正在銷售商品和數鈔票的畫面，同時旁白宣布即會出現一種叫做「天秤幣」的東西。旁白說道：「加入我們，讓我們邁向金錢為每一個人服務的世界。」臉書終於進入加密貨幣的領域。天秤幣網站顯示各種社交媒體的賬戶，裡面有一份白皮書和大量詳細的技術文件（其中許多都出自達尼茲和其他 Chainspace 夥伴之手），說明天秤幣如何幫助全球十七億無法獲得銀行或金融服務的人，可以享受金融普及的成果。臉書的巨大雄心立即顯現出來，而且令人吃驚。天秤幣計畫於二〇二〇年推出，目的在於作為一種私人的全球貨幣。

天秤幣被設計成一種穩定幣，目的在於避免其價值隨著時間的推移而發生劇烈的波動，因此與它掛鉤的對象不是美元或歐元等一種特定的法定貨幣，而是好幾種不同的貨幣和低風險資產（如銀行存款和政府公債）。也就是說，儘管天秤幣相對於特定貨幣的價格可能波動，但其價值不會發生巨大變化。用戶只能從經授權的合格賣家那裡，以現金買進天秤幣，支付些微手續費，便可將其轉賬給其他人，也可以在線上或以離線的方式，向可接受天秤幣的商家購買東西。當初用來購買天秤幣的現金，將存入天秤幣的儲備中，以保證每一枚幣都可以兌回現金。

臉書是推動這整個事業的龍頭，但它卻竭力澄清，自己不會單獨營運天秤幣。總體的控制權掌握在位於日內瓦的非營利組織天秤幣聯盟的手中，其成員包括科技和金融巨頭，如 Uber、Lyft、Spotify、安德里森霍羅威茨風險投資公司、

Coinbase、PayPal、Stripe、Visa 卡、萬事達卡、eBay 等大公司。協會的二十八個成員，每個都出資一千萬美元為天秤幣提供資金，然後從轉帳費用和儲備金金融資產的利息中抽取利潤，並在天秤幣網經營一個節點。雖然該區塊鏈目前只有二十八個成員（而非任何擁有伺服器和權力的人）允許可以經營節點，它的目標是在五年內轉向開源的、「無須經過許可」的運作型態。

以下是有關天秤幣區塊鏈一些有趣的事實：它沒有「工作量證明挖礦」或「權益證明」，它甚至沒有區塊。因此許多人懷疑它是否夠格稱為區塊鏈，或者就此而言，天秤幣是否應該稱為加密貨幣？這會不會只是一個精通公關技巧的品牌塑造？

也許吧。但臉書玩的遊戲讓人看得一清二楚。這家社交網絡巨擘以馬庫斯領導的子公司 Calibra 的名義，正式成為天秤幣聯盟的一員，然而，臉書一直是加密貨幣架構的設計者，而天秤幣無疑是臉書創意的結晶。Calibra 設計了一個與 WhatsApp 和 Messenger 融合的天秤幣錢包，讓用戶可以透過簡訊相互發送現金。從理論上講，這可以實現天秤幣「無需銀行即可處理銀行業務」的願景：即使生活在金融服務不足的地區的人，也可使用天秤幣建構的金融服務。他們可以利用手機上的 Calibra 進行支付或接受支付，或者支付些微的手續費將錢快速匯出去。儘管天秤幣在其公關資料中不遺餘力宣傳金融弱勢者將因此受惠，但天秤幣潛在的用戶群可能比宣傳的更龐大（包括每一個在 Facebook、WhatsApp 或 Instagram 上擁有帳戶的人），人數高達二十七億。這是一樁可能實現（加密）貨幣全球化理想的計畫。問題是，政府當局會坐視不管嗎？

自由的天秤幣

一家仍深陷於一連串涉及隱私權和資料保護醜聞的公司，想要帶頭建立全球貨幣，這個過程中絕不會太輕鬆。到了二〇一九年，很少人信任臉書會保護用戶的資料，那麼誰還會把錢投進去呢？

有人立即質疑，個人在 Calibra 上的錢包支付紀錄，是否會連接到臉書的個人資料中，以致廠商可以根據用戶資料對其發送量身定造的廣告？這種手段會發生令人討厭的情況，比方電子商務網站可以根據某人天秤幣的餘額，來調整商品價格，或是向財務困難的用戶寄送發薪日貸款的廣告。臉書立即澄清，天秤幣的財務數據「不會用來改善〔……〕臉書的廣告定位」，但臉書過往對隱私的承諾失信，讓倡導隱私權的人疑竇叢生。此外，還有另一些教人提防的地方：如有法律的規定或用戶的同意，Calibra 的數據資料可能會和臉書共享。

白皮書中的一句話讓更多人感到驚訝：「協會的另一個目標，是制定並推廣開放的身分標準。」它讀起來像是一句無關痛癢的話，但對某些人來說，這聽起來好像是臉書和它的密友想方設法建立一個數位身分系統。

可以預見，加密貨幣的圈內人對此是抱持懷疑態度的。十多年前，中本聰奠定了加密貨幣的原型，其目標在於避開中介，將權力中心分散到線上的總賬，並創建一個無法被劫持或審查的匿名支付系統。現在，就在貨幣去中介化的邊緣，臉書這個在技術上壟斷了個人身分並用它來賺錢的公司，打算以會員制的巨型企業俱樂部來取代全球銀行系統。維塔利克・布特林在接受媒體採訪時簡短評論道，天秤幣根本「不是保障隱私的最佳選擇。」天秤幣發行的消息公布才幾天，二〇一九年唯一一位拒絕加入臉書行列的Chainspace共同創辦人穆斯塔法・阿爾－巴薩姆（也是駭客組織LulzSec的前領導人物），就在推特上發布了一篇長帖子[2]，抨擊天秤幣沒有做到去中心化。他寫道：「我擔心的是，天秤幣最後可能打造出一個比目前傳統金融體系更難以抗拒審查的金融體系。」阿爾－巴薩姆認為，全球不同的國家散布著數以千計的銀行，理論上這些銀行可以個別採取獨立的行動。天秤幣則由二十八家績優股公司組成的、且必須服從於瑞士法院的封閉網絡營運，而瑞士法院有權要求它們阻止或撤銷某些交易。

其他人則擔心天秤幣可能對整個加密貨幣產業造成的影響。ConsenSys的萊克斯・索科林在二〇二〇年夏天發表談話時表示（當時天秤幣的藍圖已經經歷過一次令其元氣大傷的改革），光是這項計畫的規模，就龐大到足以讓許多用戶和人才離開像以太坊那樣的開源環境。他說：「如果以太坊上沒有商業活動，那麼就會失去開發人員，就會失去資產流動，反正輸定了。那將會是一片荒漠。網絡就是贏家通吃，不跟你客氣的。」

但是，最擔心天秤幣的人不是技術專家或密碼龐克，而是政府。

在天秤幣宣布發行後不久，法國財政部長布魯諾．勒梅爾即猛烈抨擊臉書妄想建造「主權貨幣」的計畫，並明確表示，將阻撓對國家的政治和貨幣主權構成威脅的事情。他迅速開始在歐元區內集結力量，以反對天秤幣計畫在歐洲啟動。中國是一個透過微信支付或支付寶等應用程式落實行動支付的國家，對天秤幣極度不信任。中國人民銀行研究局局長王欣，在二〇一九年七月的某次會議上表示[3]：「如果數位貨幣與美元密切關連，那就會形成主權貨幣和以美元為中心的數位貨幣平起平坐的局面。如此一來，全世界將只剩一個老闆，那就是美元和美國。」

說來諷刺，美國各黨派的政治人物似乎都沒有看出天秤幣可作為美國軟實力工具的潛力。就在臉書宣布即將發行天秤幣的當天，眾議院金融服務委員會民主黨主席馬克辛・沃特斯即要求擱置該計畫。幾周後，唐納・川普總統在推特上[4]表達了他對該計畫的擔憂，並指責加密貨幣是髒錢流通的管道，同時表示：「臉書天秤幣這種『虛擬貨幣』不會有什麼地位，而且也不可靠。美國只有一種真正的貨幣〔……〕我們稱它為美元！」

二〇一九年七月十六日至十七日，大衛・馬庫斯被召往美國國會，接受為期兩天的嚴厲質問：天秤幣是否會引發災難？同年十月，輪到臉書執行長馬克・祖克柏坐到眾議院金融服務委員會面前的熱鍋上。

各國政府對天秤幣的反對態度，從溫和到誓不兩立都有。在最基本的層面上，立法者希望天秤幣與開源加密貨幣不同，確保它可以接受審查，而天秤幣聯盟也必須阻止涉及洗錢、恐怖主義金援或逃稅的交易。但天秤幣仍被視為一種系統性的風險：如果天秤幣真的在臉書用戶間流行起來，它將成為一種服務世界三分之一人口的貨幣，而且只要發生一次網路安全紕漏或「天秤幣大逃殺」[5]的災難，就需要各國政府出面救助。大家質疑天秤幣對國家貨幣政策的影響，且擔心臉書的線上平行貨幣會使中央銀行無法有效控制本國的貨幣供應[6]。在各方壓力下，天秤幣聯盟開始流失大量成員：PayPal可能懾於政壇的譁然，於二〇一九年十月上旬率先求去。到了月底，另外還有六家創始成員（Booking Holdings、eBay、萬事達卡、Mercado Pago、Stripe和Visa卡）也打起退堂鼓了。

二〇二〇年四月，天秤幣聯盟（八個月後更名為Diem）發布了一份滿滿都是法律術語的新白皮書，顯然是為了回應十個月以來的批評、責罵和欲加監管的威脅。天秤幣的發行時程被推遲到二〇二一年，且其使命也發生了變化：最初的白皮書宣稱天秤幣是一種「穩定的貨幣」或「單純的全球貨幣」，而新的白皮書則寄望創立一種「方便的全球支付」系統。

由各種不同貨幣做後盾的天秤幣，讓位給四種新代幣，它們分別和美元、新加坡幣、歐元和英鎊等國家貨幣掛鉤。至於最初的天秤幣，現在則被定義為「各種單一貨幣之穩定幣的數位組合」，其用途僅限於跨境轉賬。後來天秤幣因為採用了更嚴格的合規管理制度和審查框架，因此已經無法在未經許可的情況下使用該網絡。新白皮書第十一頁的其中一行，甚至允諾與各國中央銀行合作。「既然各國中央銀行已著手開發中央銀行數位貨幣（簡稱CBDC），我們希望這些CBDC可以直接併入天秤幣網絡。」

起床號

到二〇二〇年一月，全球百分之八十[7]的中央銀行都陸續開始有關CBDC的工作或研究，比前一年增加了百分之十。各國中央銀行幾十年來一直在研究這種可能性：公民可以直接在中央銀行開設數位賬戶，而非讓他們投向商業銀行。這樣做的好處包括降低銀行手續費、幫助無法取得銀行服務的人仍可使用手機進行電子支付，以及不必透過商業銀行即可落實貨幣政策。在現代的世界裡，越來越多人幾乎在不接觸現金的情況下從事經濟活動，向來只專注於印鈔票的中央銀行，未免顯得落伍了。

然而，對這項技術重新燃起興趣似乎與穩定幣的出現有關，尤其是與天秤幣的推出有關。國際結算銀行（一個由各國中央銀行行長組成的國際組織）試圖在二〇二〇年六月澄清上述的說法，因為該組織在一篇論文中鄭重指出：「與其說CBDC的發行是對加密貨幣以及私營部門『穩定幣』計畫的回應，倒不如說是中央銀行同時追求多項公共政策目標而從事的技術努力。」但這並不符合常識，也不符合幾位中央銀行行長自二〇一九年六月以來所發表的言論。

英國中央銀行——英格蘭銀行——在二〇二〇年三月的一項研究中，[8]列出CBDC可能帶來的好處，其中包括「避免例如穩定幣等新形態之私人貨幣造成的風險。」六個月後，該央行行長安德魯．貝利在演講談到穩定幣時，提出一個疑問：「由央行自己駕馭大部分的技術及資訊系統創新，並直接將現金數位化，結果是否真的比較好呢？」他又補充，CBDC和穩定幣不見得是相互排斥的。

每次有高級官員提到「穩定幣」時，幾乎錯不了都是指天秤幣，而不是

Maker DAO 或其他去中心化金融風險產業的代名詞。由七大工業國組織支持的「防制洗錢金融行動工作組織」[9]發布的一份關於穩定幣的報告指出，去中心化的穩定幣可能永遠不會普及到足以構成重大威脅的程度。杜倫大學學者賈亞・克拉拉・布雷克認為：「政府開始害怕天秤幣，但其實加密貨幣沒有真正可以造成威脅的東西：不過就是一些可愛的小實驗，政府可以觀察並掌握事情發展的方向。」

所有主要經濟體的中央銀行（從美聯儲、歐洲中央銀行到英格蘭銀行）目前都在研究CBDC，即使還沒有推出具體的計畫或精確的藍圖。中國是唯一已經快要達到推出CBDC成熟階段的國家。

截至二〇二〇年八月，名為「數位貨幣電子支付」（簡稱DCEP）的中國CBDC，正在四大主要城市和三個重點工業區試行[10]。它採用移動錢包應用程式，可用於商店支付或直接將錢轉入他人錢包，而無需依賴銀行的中介。不過，它和加密貨幣的類似程度只到這裡。該系統是集中化的、個人專屬的，且最重要的是，它是一種控制工具，因為用戶的錢包不是匿名的，中國人民銀行可以密切關注每一筆交易，此舉有助於中國迅速發展國家的監控體系。

天秤幣激起的發展是一個有趣的現象。藉由模仿穩定幣的語法，它讓政府——即密碼龐克的宿敵中央銀行——得以採用加密貨幣的風格和外貌特徵。但其結果只是比特幣和其他加密貨幣的哈哈鏡扭曲版本。格雷舍姆學院商業名譽教授兼金融智庫Z/Yen的主席麥克·梅內利說：「說到中央銀行數位貨幣，最有效的系統實際上是一個中央數據庫。我們不太可能學加密貨幣的做法。」

然而，有趣的是，如果CBDC被廣泛採用，其衍生的後果將導致更廣泛的金融去中介化。梅內利認為：「這將結結實實引發如下這場辯論：傳統銀行的規則在各自為政的儲備銀行體系中的地位。『我們是英格蘭銀行，現在發明了一種新的數位貨幣。你可以在手機上使用它，你知道，這可是好東西。哦，順便問一下，你介不介意把你所有的CBDC存入巴克萊或桑坦德或者其他家銀行呢？』這勢必觸發一場引人注目的辯論。」

結語

加密交易平台

加密貨幣最初是作為一項政治計畫而誕生的。它的源頭是一個沒沒無聞的郵件討論群組和自由意志主義的線上論壇，融合了奧地利學派的經濟學和電腦科學，強調個人與個人間的互動、不需要中介者，以及政府無法阻撓髒錢或外逃資本在網路上的流通。至少在理論上，這始終是加密貨幣的雄心，即便事實狀況（以及執行技術）距離此一理想尚有一段距離。

今天，當中很多的風險都被嘈雜的聲音淹沒了。科技巨擘和各國中央銀行陷入僵局，導致數位現金充斥在每個人的手機裡。比特幣成了瑞士小村莊傑出金融家所囤積的資產，與此同時，各國政府也紛紛採取更堅定的立場，就像美國和英國就開始打擊加密貨幣衍生性金融商品的交易。[1]涉及加密貨幣的線上詐騙幾乎每天都在發生，例如二〇二〇年七月，一百三十個重要人士的推特帳戶（包括埃隆．馬斯克、喬．拜登和巴拉克．歐巴馬等人）遭人駭入，行徑之大膽引人側目。每天都有新的代幣出現，有的只是垃圾幣，有的則是有用的技術。以博弈理論做基礎的金融架構已經接管了區塊鏈。去中心化和去中介化的癮頭可能依然存在，但它常常被《華爾街之狼》那種滿不在乎式的調調所掩飾。投資機構和大企業，比如特斯拉汽車，對比特幣越來越感興趣，特斯拉在二〇二一年二月還購入了十五億美元的比特幣，其執行長伊隆．馬斯克還是推特上擁護加密貨幣的名人，這些都是加密貨幣非凡的發展，長遠的結果還難以評估。在比特幣亮相的十多年後，加密貨幣仍具有政治意涵嗎？

我們可以簡單回答「是」，並將矛頭指向另類右派，即川普時代美國的白人至上主義。二〇一七年三月，另類右派的領袖理查．斯賓塞確實將比特幣稱為「另類右派貨幣」。過了幾個月，該組織成員在維吉尼亞州夏洛茨維爾舉行團結集會之後，有些手持火炬的暴徒一面遊行穿過市區，一面高喊：「猶太人休想取代我們。」後來還發生一名極右派激進分子殺死一名反對遊行的左派人士的事件。根據區塊鏈分析公司 Chainalysis 的數據，當時對極右派組織和個人的比特幣捐款大幅提升。這現象一直持續到今天。Chainalysis 的數據顯示，在二〇一四年五月至二〇二〇年五月間，新納粹網站「日日攻擊」已收到超過二十八萬美元的捐款，而且其中大部分是經由賭博網站匯入的。[2]

但我們不能為了便於行事，而任意解讀加密貨幣和這種意識型態的關聯性。比特幣背後的超自由意志主義經濟學理念及其對美聯儲的不信任，可能吸引了一些另類右派的成員；甚至有人提出[3]，加密貨幣反對銀行的立場其實根植於反猶太人的刻板印象和種族主義。然而，另類右派與加密貨幣的牽腸掛肚更像是一種不得已的選擇：隨著外界對該組織的審視越來越嚴格，像 PayPal 和 Stripe 這類的主流支付商已漸漸將另類右派分子和新納粹分子趕出他們的平台。結果，比特幣必然成為另類右派接受捐贈的唯一方式，而像伊斯蘭國恐怖分子等罪犯組織，也同樣利用這一管道。

然而，如果你想聽聽有關加密貨幣較為清晰的政治願景，也不是非得走到政治光譜上的兩端不可。二〇一八年三月，唐納．川普的前首席策略顧問（也是布羅克．皮爾斯早年的事業夥伴）斯蒂芬．K．班農，在蘇黎世宣布即將師法唐納．川普和英國脫歐運動的路線，發起一項帶有民粹主義色彩的政治運動，而加密貨幣即是它的核心。

班農說：「這種新貨幣將賦予這場運動權力，賦予企業權力，賦予政府權力，讓大家得以擺脫使你的貨幣貶值、並使你淪為低薪奴隸的中央銀行，擺脫債奴的宿命。」

幾周後，他透露正在「為民粹主義運動打造有用的代幣」，追隨他的人將因自己的政治激進主義而獲得一些利益。[4]時至二〇二〇年，班農試圖創立泛歐洲民族主義團體（被稱為「運動（Movement）」）的目標幾乎無人關注，也遲遲未推出任何民粹主義色彩的代幣。

然而，也許另類右派的理查·斯賓塞和班農都不該被視為的重要人物，因為他們幾乎不知道自己的作為意義何在，而且他們無法自行設計和運用加密貨幣技術，以致無法全盤理解它的潛力。為了讓加密戰略起飛，其建構者必須**來自**加密貨幣的領域。

截至今天，有兩個重要人物符合此一資格。

一位是英國比特幣的開發者阿米爾．塔基[5]，在過去幾年間，他已搖身一變成為加里波底式的人物，周遊列國並支持為自由而奮鬥的戰士。二〇一五年，塔基離開英國，前往敘利亞北部庫德人控制的自治區羅賈瓦。他與庫德族人站在同一陣線，開始和伊斯蘭國的叛亂分子作戰，並受庫德族政治領袖阿卜杜拉．奧賈蘭的思想啟發。他接受奧賈蘭的民主邦聯主義，那是一種否定民族國家的理念，並提倡自治、環保、女權、地方社區直接民主的思想，並認定比特幣可以幫助實現此一目標。

塔基於二〇一七年返回歐洲，目睹比特幣淪為騙子和日內交易投機者的玩物，他感到十分絕望。因此，他決定集中精力，要讓比特幣肩負起一種使命。他前往加泰隆尼亞的首府巴塞隆那，這座仍受到獨立運動影響、且後來又受到西班牙政府鎮壓的城市，並開始召集一群技術專家，以致力於構建幾項革命工具，即匿名加密貨幣錢包、區塊鏈通訊軟體，以及非加密貨幣用途的技術應用。該計畫被塔基命名為「綜合技術自治學院」，目前仍在建構中，它無疑是現今由加密貨幣所推動的政治前景中，最值得我們注意的一張藍圖。

檯面上另一個重要的競爭者是維塔利克．布特林。五年來，以太坊這位雖無名分卻又當家做主的人物，一直在努力解決設計上的問題，運用加密經濟學來微調這個可以保持去中心化的平台，同時最大限度降低 The DAO 等級的災難發生機率。幾乎無法避免的是，所有這些最終都會演成某種政治理論。

到了二〇一八年，這種情況果真發生了。布特林在部落格平台 Medium 上[6]宣布，他開始和經濟學家兼學者的格倫．韋爾合作，而後者曾因倡導一種被稱為「自由激進主義」的理論——自由市場原則應該徹底執行，而私有財產制應該盡量廢除——而聞名。

在與他人合撰的《激進市場》一書中，韋爾提議將社會轉變為長久性的拍賣會：人民應該為自己的每件財產設定價格，並隨時準備將其賣給任何主動出價的人。將價格訂得過高的人，就會被徵收巨額的財富稅，然後將其重新分配給公民。韋爾認為，這個過程最終會重新平衡不平等的現象，並有望打破束縛全球經濟的集中化壟斷經濟。

韋爾甚至提議將這種市場邏輯應用於民主制度上，例如應該放棄「一人一票」的辦法，轉而採用一種稱為「平方投票法（quadratic voting）」的機制，在該機制中，每個選民都分配到一定數量的投票積分，這項投票積分可以囤積或出售。這樣，真正關心某次投票結果的人，便可以一口氣投好幾票。

韋爾的想法聽起來可能令人振奮，但在大多數西方民主國家中，這種理念很難推銷得動。儘管如此，《激進市場》中所包含的一些規則和治理概念，可以輕易在以太坊等區塊鏈社群中編寫程式並加以測試，這就是韋爾和布特林開始合作的契機。

他們合作的結果，便是產生一個名為 RadicalxChange 的組織，而其目標包括平方投票法、永續拍賣和激進的反壟斷措施。二〇一九年七月，在該組織年度會議上的一場演講中[7]，布特林勾勒出從早期密碼龐克到 The DAO 崩潰的加密貨幣知識史，其主要結論是，儘管加密龐克喜愛不受限的個人主義，但這種主義在下列這種不可避免的衝擊下，不可能倖存下來：貨幣，包括加密貨幣，是一種由社群強制執行且受治理所引導的社會建構物。還有更多：布特林建議，加密貨幣和區塊鏈技術如果搭配上韋爾的想法，即可能有助於在一個飽受不平等蹂躪並且越來越傾向民粹主義的世界中，促進有意義的變化。就這種技術而言，它起初是自由意志主義者尋求從離線世界通向無政府干涉的網路空間的緊急出口，如今卻有這麼大的翻轉。布特林能否重新定義加密貨幣的含意？

這很難說。加密貨幣自從出現在中本聰的白皮書後便不斷發展。它從程式碼實驗走到數十億身價的巨大轟動，從緩慢的支付工具走到智能合約，從騙局走到令人垂涎的資產，從人民公敵走到中央銀行未來的藍圖。加密貨幣是否會成為另類右派的極端思想、煽動性革命計畫，或不切實際的烏托邦主義的工具，目前尚無定論。也許它會朝所有的這些方向發展，就像為了追求不同願景而分裂的區塊鏈，但它也可能無處可去。

你是否仍然懷疑加密貨幣是項政治計畫嗎？

名詞解釋

比特幣（Bitcoin）

第一個開源的去中心化加密貨幣，由中本聰於二〇〇八年提倡，並於次年推出。它啟動了加密貨幣產業，並且在二〇二〇年時仍然是價格最高的加密貨幣。

比特幣極端主義者（Bitcoin maximalist）

主張比特幣是唯一合法的加密貨幣的人。

區塊鏈（Blockchain）

可供加密貨幣交易的去中心化線上網絡。它是記錄某一特定加密貨幣中所有交易的總賬，堆存在離散的「區塊」中，並由獨立的伺服器或節點透過加密過程集體予以更新。

中央銀行數位貨幣（CBDC：Central Bank digital Currency）

一種由中央銀行直接發行的數位貨幣，能讓用戶繞過商業銀行進行電子支付。被視為是對日益壯大的加密貨幣的反制。

加密貨幣（Cryptocurrency）

一種借助加密技術以實現數位價值單位交換的技術。密碼龐克將其設想為一種不會被政府或執法部門阻止或干涉的支付系統；為達成這目標，系統必須去中心化，而非由單一實體營運。

加密貨幣交易平台（Cryptocurrency exchange）

能讓用戶將法定貨幣（例如美元、歐元或英鎊）和加密貨幣進行雙向兌換，或將一種加密貨幣兌換為其他加密貨幣的公司。特定加密貨幣相較於法定貨幣的價格取決於交易平台上該幣種的供需關係，這有時會導致投機者在交易的過程進行套利。

密碼龐克（Cypherpunks）

一九九〇年代一群聚集在矽谷、服膺自由意志主義，後來加入密碼龐克郵件討論群的科技專家。他們認為發展保障隱私權的強大技術（包括加密貨幣）有其必要性。

去中心化自治組織（DAO）

是一組建立在區塊鏈上的自動執行程式，可為用戶提供服務，並可能為其股東賺進收益，而且宣稱不需或只需很少量的人工管理。去中心化自治組織有時亦稱為去中心化自治公司。但注意不要和 The DAO 混淆，因為後者是一個二〇一六年才一推出就立即遭到駭客攻擊的DAO。

去中心化應用程式（DAPP）

建立在區塊鏈上的線上應用程式。

去中心化金融（DeFi）

一種建立在以太坊區塊鏈的新興應用程式，目的在於跳脫傳統金融框架、創造一種去中心化的替代方案，它所提供的服務包括貸款、託管、衍生性金融商品和交易等。

去中介化（Disintermediation）

從經濟交易中去除「中介者」，這是加密貨幣和區塊鏈的既定目標之一。

以太幣（Ether）

為以太坊區塊鏈提供動力的加密貨幣，用於支付或執行其他操作。

以太坊（Ethereum）

一種能讓開發人員創建「智能合約」（根據付款或交易而自動執行的程式）的區塊鏈。

百分之五十一的攻擊（51% attack）

一種區塊鏈上的駭客行徑，利用部署足夠的計算能力來接管大多數的挖礦節點，然後批准無效交易。

閃貸（Flash loan）

某些去中心化金融服務所提供的一種貸款，允許投資者在不提供任何擔保品的情況下取得貸款，前提是借貸金額必須快速歸還。

硬分叉（Hard fork）

區塊鏈的一種分叉，由底層協議的改變所觸發。它通常會導致用戶組之間的分裂，而每個用戶組都會選擇不同的前進路徑。

雜湊（Hash）

一個標準長度的數字串，唯一地表示一條信息（一個句子、一個文件、一個圖像等）。雜湊廣泛應用在密碼學中。

長期持有（Hodl）

是hold的錯誤拼寫，但已成為加密貨幣圈的座右銘，提醒投資者長期持有手上的加密貨幣，並期待其價格飆升。

首次代幣發行（ICO）

線上向公眾拍賣加密貨幣代幣，通常承諾會將拍賣所得資金用於開發區塊鏈，而在這種區塊鏈中，用戶可用代幣換取服務。由於監管問題以及詐騙盛行，這種發行越來越不多見。

天秤幣（Libra）

與各種法定貨幣和債券掛鉤的加密貨幣，由臉書和其他公司於二〇一九年六月提出。政府的強烈反對迫使其重新設計藍圖。二〇二〇年十二月更名為Diem。

礦工（Miner）

使用電腦設備營運區塊鏈節點並驗證加密貨幣交易的個人或公司，並從交易中獲得新打造（開採）的加密貨幣單位，作為其報酬或手續費。通常該術語僅適用於工作量證明的系統；在其他情況下，則另稱「驗證者」。

預挖（Premined）

不是通過挖礦行為（如比特幣）而創造出來的加密貨幣，而是在ＩＣＯ中或其他分配活動中出售給用戶的加密貨幣。

權益證明（Proof-of-stake）

一種要求區塊鏈的驗證者抵押一定數量之加密貨幣，以換取批准交易之權力的技術，但如果驗證者錯誤批准無效的交易，則會失去那些加密貨幣。

工作量證明（Proof-of-work）

一種挖礦技術，需要礦工解決一個費時耗力的數學難題，以便驗證交易並創建新區塊。隨著時間的推移，題目的難度越來越大，這代表挖礦需要越來越多的電腦設備與能源成本。

中本聰（Satoshi Nakamoto）

比特幣的化名發明者，其真實身分或下落不明。目前尚不清楚中本聰是男性、女性，還是一群人。「聰」也是比特幣次單元的名稱，相當於一枚比特幣的一億分之一。

垃圾幣（Shitcoin）

形容沒有顯著價值或效益的加密貨幣代幣的貶義詞，通常會在讓人可疑的ＩＣＯ中出售。

智能合約（Smart contract）

由加密貨幣交易驅動且自我執行的程式，由密碼龐克尼克．薩博提出，並首先在以太坊上實施。

穩定幣（Stablecoin）

一種加密貨幣，其價格不由供需決定，而是以各種方式與法定貨幣掛鉤，從而降低加密貨幣聲名狼藉的波動性。泰達幣是最廣泛被使用的穩定幣，其價值理論上與美元掛鉤，最初由一家聲稱擁有足夠的美元儲備，可以贖回所有流通中的泰達幣公司以集中化的方式營運。

代幣（Token）

一種加密貨幣的單位，某些代幣並非用在經濟交易的目的。

去信任的（Trustless）

系統的穩健營運和誠信，無須依賴於管理者個人的良好行為，而是由系統的架構來保證。架設於區塊鏈上的系統（有點過度簡化地）被稱為「去信任的」，因為操作它的是公開的電腦代碼，而非可能步上貪腐之途的人類。

錢包（wallet）

一對包含在應用程式、電腦程式或是硬體中的加密密碼，可讓用戶藉此消費和接收加密貨幣。有些愛用者常依賴「託管錢包」，其密鑰實際上是由第三方（通常是交易平台）代為存儲。

白皮書（White Paper）

提出新加密貨幣計畫的文檔（通常是ＰＤＦ檔）。第一件是中本聰的《比特幣：點對點電子現金系統》，也簡稱為《比特幣白皮書》。

流動性挖礦（Yield farming）

一種去中心化金融的趨勢，讓投資者藉著將加密貨幣存入去中心化的借貸市場來賺取新代幣。

注釋

第一章　比特幣

1 May, T. C., 1992, 'The Crypto Anarchist Manifesto,' Activism. net. Available at: https://www.activism.net/cypherpunk/ crypto-anarchy.html (accessed 17 October 2020)

2 May, T. C.,1994, 'THE CYPHERNOMICON: Cypherpunks FAQ and More, Version 0.666,' Cypherpunks.to. Available at: https://web.archive.org/web/20160809001639/http://www.cypherpunks.to/faq/cyphernomicron/chapter4. html#2 (accessed 17 October 2020)

3 Cryptoanarchy.wiki, n.d., 'Notable Posters (First Name A–Z)': Available at: https://mailing-list-archive. cryptoanarchy.wiki/authors/notable/ (accessed 17 October 2020)

4 May, T., 1997, 'Untraceable Digital Cash, Information Markets, and BlackNet,' The Seventh Conference on Computers, Freedom, and Privacy, Burlingame, CA. Available at: http://osaka.law.miami.edu/~froomkin/articles/tcmay.htm (accessed 17 October 2020)

5 Hughes, E., 2020, 'Eric Hughes: A Cypherpunk's Manifesto,' Bitcoin News. Available at: https://news.bitcoin.com/erichughes-a-cypherpunks-manifesto/ (accessed 17 October 2020)

6 Brunton, F., *Digital Cash: The Unknown History of the Anarchists, Utopians, and Technologists Who Created Cryptocurrency* (Princeton University Press, 2019)

7 Hayek, F., *Denationalization of Money* (Inst. of Economic Affairs, 1978)

8 Chaum, D., 'Blind Signatures for Untraceable Payments', in Chaum, D., Rivest, R. L. and Sherman, A. T. (eds), *Advances in Cryptology* (Springer, 1983)

9 Wei Dai, 2020, 'Bmoney', Weidai.com. Available at: http:// www.weidai.com/bmoney.txt (accessed 17 October 2020)

10 LaFrance, A., 2020, 'The Prophecies of Q', The Atlantic. Available at: https://www.theatlantic.com/magazine/archive/2020/06/qanon-nothing-can-stop-what-iscoming/610567/ (accessed 17 October 2020)

11 Nakamoto, S., 2008, 'Bitcoin: A Peer-To-Peer Electronic Cash System'. Available at: https://bitcoin.org/bitcoin.pdf (accessed 17 October 2020)

12 Blockchain.news, 2020, 'Satoshi Nakamoto's Quotes on Trust – Trusted Third Parties'. Available at: https://blockchain.news/wiki/satoshi-nakamotos-quotes-ontrust-trusted-third-parties (accessed 17 October 2020)

13 Satoshi.nakamotoinstitute.org, n.d., 'Bitcoin P2P E-Cash Paper', Satoshi Nakamoto Institute. Available at: https://satoshi.nakamotoinstitute.org/emails/cryptography/12/#selecti

on-89.0–89.126 (accessed 17 October 2020)

14 Nakamoto, S., Bridle, J., Brekke, J. and Vickers, B., The *White Paper* (Ignota, 2019)

15 The word, initially rendered as 'block chain', would be coined by cypherpunk and Cryptography subscriber Hal Finney in an email exchange with Nakamoto (see: https://satoshi.nakamotoinstitute.org/emails/cryptography/6/)

16 Satoshi.nakamotoinstitute.org, n.d., 'Bitcoin Does NOT Violate Mises' Regression Theorem', Satoshi Nakamoto Institute. Available at: https://satoshi.nakamotoinstitute.org/posts/bitcointalk/threads/137/ (accessed 17 October 2020)

17 Metzdowd.com, n.d., 'ADMIN: End of Bitcoin Discussion for Now'. Available at: https://www.metzdowd.com/pipermail/cryptography/2008-November/014867.html (accessed 17 October 2020)

18 Of course the obverse of disintermediation is 'reintermediation': a handful of platforms emerge as the main channels where those peer-to-peer relationships play out; the fall of middlemen makes room for the rise of winner-takes-all giants. In the internet domain, Amazon and Airbnb are the obvious examples. On the Bitcoin network, that scenario should be staved off by wedding disintermediation with decentralisation, thus replacing dominant platforms with a scattered network where no one is in command. (Whether that can be attained in practice is a matter of debate.)

19 Thomas, K., 2010, 'Could the Wikileaks Scandal Lead to New Virtual Currency?', *PC World*. Available at: https://www.pcworld.com/article/213230/could_wikileaks_scandal_lead_to_new_virtual_currency.html (accessed 17 October 2020)

20 See: https://web.archive.org/web/20201017154256/https://twitter.com/wikileaks/status/807745213506682 88

21 Gerlach, J., Demos, G. and Sornette, D., 2019, 'Dissection of Bitcoin's multiscale bubble history from January 2012 to February 2018', *Royal Society Open Science*, 6 (7), p.180643

22 Baur, D., Hong, K. and Lee, A., 2018, 'Bitcoin: Medium of exchange or speculative assets?', *Journal of International Financial Markets, Institutions and Money*, 54, pp. 177–89

23 *LSE Business Review*, 2020, 'Why Economists Are Relaxed About Bitcoin'. Available at: https://blogs.lse.ac.uk/businessreview/2017/12/20/why-economists-are-relaxedabout-bitcoin/ (accessed 17 October 2020)

24 TokenAnalyst Team, 2020, 'Centralisation In Bitcoin Mining: A Data-Driven Investigation', *Medium*. Available at: https://medium.com/tokenanalyst/centralisation-inbitcoin-mining-a-data-driven-investigation-7fb0caa48157 (accessed 17 October 2020)

第二章　以太坊

1 Matzutt, R., Hiller, J., Henze, M., Ziegeldorf, J., Müllmann, D., Hohlfeld, O. and Wehrle, K., 2018, 'A Quantitative Analysis of the Impact of Arbitrary Blockchain Content on Bitcoin', *Financial Cryptography and Data Security*, pp. 420–38

2 Buterin, V., n.d., 'Vitalik Buterin on About.Me', about.me. Available at: https://about.me/vitalik_buterin (accessed 17 October 2020)

3 Buterin, V., 2020, 'Bitcoin Adoption Opportunity: Teenagers', *Bitcoin Magazine*. Available at: https://bitcoinmagazine.com/articles/bitcoin-adoptionopportunity-teenager-1330407280 (accessed 17 October 2020)

4 Szabo, N., 1996, 'Nick Szabo – Smart Contracts: Building Blocks for Digital Markets', Fon.hum.uva. nl. Available at: https://www.fon.hum.uva.nl/rob/Courses/InformationInSpeech/CDROM/Literature/LOTwinterschool2006/szabo.best.vwh.net/smart_contracts_2.html (accessed 17 October 2020)

5 That is a reference to the 'Turing machine', a hypothetical computer – posited by British computer scientist Alan Turing – able to process every possible computable problem.

6 Wood, G., 2014, *Ethereum: A Secure Decentralised Generalised Transaction Ledger*, Ethereum project Yellow Paper, 151 (2014), pp.1–32. Available at: https://ethereum.github.io/

yellowpaper/paper.pdf (accessed 1 February 2021)

7 Wood, G., 2020, 'Ðapps: What Web 3.0 Looks Like', Gavwood.com. Available at: http://gavwood.com/dappsweb3.html (accessed 17 October 2020)

8 2017, *Decentralizing Everything with Ethereum's Vitalik Buterin, Disrupt SF 2017* [video]. Available at: https://www.youtube.com/watch?v=WSN5BaCzsbo (accessed 17 October 2020)

9 Russo, C., 2020, 'Sale of the Century: The Inside Story of Ethereum's 2014 Premine – Coindesk', CoinDesk. Available at: https://www.coindesk.com/sale-of-the-century-theinside-story-of-ethereums-2014-premine (accessed 17 October 2020)

10 That is not to say that mining does not produce Ether: it does. But as of 2020, the amount of Ether that mining has injected into the system is lower than that sold back in 2014. That is by design: even if Ether does not have a fixed cap – e.g. Bitcoin's 21 million – it can only produce up to a certain number of ethers every year.

11 Bitcointalk.org, 2020, '[ETH] Ethereum = Scam'. Available at: https://bitcointalk.org/index.php?topic=707237.20 (accessed 17 October 2020)

12 See: https://web.archive.org/web/20201017160534/https://twitter.com/adam3us/status/1291298850301513730?s=19

13 Larimer, D., 2020, 'Overpaying For Security', Let's Talk Bitcoin. Available at: https://

letstalkbitcoin.com/is-bitcoinoverpaying-for-false-security (accessed 17 October 2020)

14 Sheldonth.com, n.d. Available at: http://sheldonth. com/static/Mike%20Hearn%2CAgents.mp4 (accessed 17 October 2020)

15 In fact, the concept of the 'ownerless' company had already been proposed, without the cryptocurrency element, by Berkeley legal scholar Meir Dan-Cohen back in 1986 (see: Bell, R. and Dan-Cohen, M., 1987, 'Rights, Persons, and Organizations: A Legal Theory for Bureaucratic Society', *Contemporary Sociology*, 16 (3), p. 320)

16 GitHub, 2016, 'Blockchainsllc/DAO'. Available at: https://github.com/blockchainsllc/DAO (accessed 17 October 2020])

17 Jentzsch, C., 2016, 'The History of The DAO and Lessons Learned', *Medium*. Available at: https://blog.slock.it/the-history-of-the-dao-and-lessons-learned-d06740f8cfa5 (accessed 17 October 2020)

18 *Economist*, 2020, 'The DAO of Accrue'. Available at: https://www.economist.com/finance-andeconomics/2016/05/19/the-dao-of-accrue (accessed 17 October 2020)

19 De Filippi, P. and Wright, A., *Blockchain and the Law* (Harvard University Press, 2019)

20 Gün Sirer, E., 2016, 'Thoughts on The DAO Hack', *Hacking Distributed*. Available at: https://hackingdistributed. com/2016/06/17/thoughts-on-the-dao-hack/ (accessed 17 October 2020)

21 Todd, P., 2016, 'The Ethereum DAO Bailout Needs a Coin Vote', Petertodd.org. Available at: https://petertodd. org/2016/ethereum-dao-bailout-vote#fn:earlyhardforks (accessed 17 October 2020)

22 Zamfir, V., 2019, 'Against Szabo's Law, For a New Crypto Legal System', *Medium*. Available at: https://medium.com/cryptolawreview/against-szabos-law-for-a-new-cryptolegal-system-d00d0f3d3827 (accessed 17 October 2020)

第三章　首次代幣發行泡沫

1 See: http://web.archive.org/save/https://www.linkedin. com/in/jrwillett/

2 2013, '42. BITCOIN 2013 – Day 2 – Bitcoin in the Future, Part 4 of 5', YouTube. Available at: https://www.youtube. com/watch?time_continue=335&v=4bMf4xZg_4U&feature=emb_logo (accessed 17 October 2020)

3 Volpicelli, G., 2017, 'The $3.8Bn Cryptocurrency Bubble Is a Huge Deal. But It Could Break the Blockchain', *WIRED UK*. Available at: https://www.wired.co.uk/article/what-is-initialcoin-offering-ico-token-sale (accessed 17 October 2020)

4 Shifflett, S., 2018, 'A Flood of Questionable Cryptocurrency Offerings', *Wall Street Journal*. Available at: https://www.wsj.com/graphics/whitepapers/ (accessed 17 October 2020)

5 Fenu, G., Marchesi, L., Marchesi, M. and Tonelli, R., March 2018, 'The ICO phenomenon and its relationships with ethereum smart contract environment', in IEEE, *2018 International Workshop on Blockchain Oriented Software Engineering* (IWBOSE), pp. 26–32

6 EY, 2017, 'EY Research: Initial Coin Offerings (ICOs)'. Available at: https://web.archive.org/web/20180710094813/https://www.ey.com/Publication/vwLUAssets/ey-research-initial-coin-offeringsicos/%24File/ey-research-initial-coin-offerings-icos.pdf (accessed 17 October 2020)

7 Floyd Mayweather Jr, Paris Hilton, Jamie Foxx and Luis Suárez are just some of the best-known celebrities who promoted ICOs.

8 Buterin, V., 2017, 'Analyzing Token Sale Models', Vitalik.ca. Available at: https://vitalik.ca/general/2017/06/09/sales. html (accessed 17 October 2020)

9 Alois, J., 2019, 'SEC Freezes $8 Million from Alleged Bogus ICO & Manipulation Fraud Perpetrated by Reggie Middleton [U]', Crowdfund Insider. Available at: https://www.crowdfundinsider.com/2019/08/150540-secfreezes-8-million-from-alleged-bogus-ico-manipulationfraud-perpetrated-by-reggie-middleton/ (accessed 17 October 2020)

10 Kharpal, A., 2017, 'Initial Coin Offerings Have Raised $1.2 Billion and Now Surpass Early Stage VC Funding', CNBC. Available at: https://www.cnbc.com/2017/08/09/initial-coin-

offerings-surpass-early-stage-venture-capitalfunding. html (accessed 17 October 2020)

11 Benedetti, H. and Kostovetsky, L., 2018, 'Digital Tulips? Returns to Investors in Initial Coin Offerings', *SSRN Electronic Journal.*

12 See Chapter Two.

13 Volpicelli, G., 2018, 'To Get Rich in Crypto You Just Need an Idea, and a Coin', *WIRED UK*. Available at: https://www.wired.co.uk/article/ico-bitcoin-blockchaincryptocurrency-bubble (accessed 17 October 2020)

14 Bullock, N., 2018, 'Blockchain Start-Up Raises More than $4Bn', *Financial Times*. Available at: https://www.ft.com/content/69abdb66-666c-11e8-b6eb-4acfcfb08c11 (accessed 17 October 2020)

15 EY, 2018, *EY study: Initial Coin Offerings (ICOs) The Class of 2017 – one year later*. Available at: https://web. archive.org/web/20200930175629/https://www.ey.com/Publication/vwLUAssets/ey-study-ico-research/%24FILE/ey-study-ico-research.pdf (accessed 17 October 2020)

16 Dead Coins, n.d., 'List'. Available at: https://deadcoins.com/(accessed 17 October 2020)

17 Securities and Exchange Commission, 2018, 'Report of Investigation Pursuant to Section 21(a) of the Securities Exchange Act of 1934: The DAO'. Available at: https://www. sec.gov/

litigation/investreport/34–81207.pdf (accessed 17 October 2020)

18 Kik Interactive, Inc., 2017, *Kin: A Decentralized Ecosystem of Digital Services for Daily Life* [e-book]. Available at: https://www.kin.org/static/files/Kin_Whitepaper_V1_English.pdf (accessed 17 October 2020)

19 Securities and Exchange Commission, 2019, 'Re: Cipher Technologies Bitcoin Fund Registration Statement on Form N-2 (Filed 13 May 2019) Pre-Effective Amendment No. 1 (Filed 11 Sept. 2019) File No. 811-23443'. Available at: https://www.sec.gov/Archives/edgar/data/1776589/999999999719007180/filename1.pdf (accessed 2 February 2021)

20 Securities and Exchange Commission, 2019, 'SEC Charges Issuer with Conducting $100 Million Unregistered ICO'. Available at: https://www.sec.gov/news/pressrelease/2019–87 (accessed 17 October 2020)

21 Livingston, T., 2019, 'Moving Forward Boldly with Kin', *Medium*. Available at: https://medium.com/@tedlivingston/moving-forward-boldly-with-kinec6290a6453 (accessed 17 October 2020)

22 Patterson, M., 2018, 'Crypto's 80% Plunge Is Now Worse than the Dot-Com Crash', Bloomberg.com. Available at: https://www.bloomberg.com/news/articles/2018–09-12/crypto-s-crash-just-surpassed-dot-com-levels-as-lossesreach-80 (accessed 17 October 2020)

23 PwC, 2020, *6th ICO / STO Report*, PwC. Available at: https://www.pwc.ch/en/insights/fs/6th-ico-sto-report. html (accessed 17 October 2020)

24 Williams-Grut, O., 2018, 'Startups Raised $5.6 Billion Through Icos in 2017 – Insider', *Insider*. Available at: https://amp.insider.com/how-much-raised-icos-2017-tokendata-2017–2018-1 (accessed 17 October 2020)

25 EY, 2018, 'ICO Portfolio Is Down by 66% in the First Half of 2018, According to EY Study'. Available at: http://ey.com/en_kw/news/2018/10/i-c-o-portfolio-is-down-by-sixty-sixpercent-in-the-first-half-according-to-ey-study (accessed 17 October 2020)

第四章　穩定幣與金融

1 Schatzker, E., 2017, 'A Crypto Fund King Says Bitcoin Will Be the Biggest Bubble Ever', Bloomberg.com. Available at: https://www.bloomberg.com/news/articles/2017–09-26/mike-novogratz-is-set-for-comeback-with-crytocurrencyhedge-fund (accessed 17 October 2020)

2 Tether Limited, 2016, 'Tether: Fiat Currencies on the Bitcoin Blockchain'. Available at: https://tether.to/wpcontent/uploads/2016/06/TetherWhitePaper.pdf (accessed 17 October 2020)

3 See: http://archive.is/ZFDBf

4 Chavkin, S., 2019, 'Paradise Papers Connection Sparks Massive Bitcoin Lawsuit– ICIJ', ICIJ.

Available at: https://www.icij.org/investigations/paradise-papers/paradisepapers-connection-sparks-massive-bitcoin-lawsuit/(accessed 17 October 2020)

5 Griffin, J. and Shams, A., 2020, 'Is Bitcoin Really Untethered?', *Journal of Finance*, 75 (4), pp.1913–64

6 Cai, J., 2019, 'Data Analysis: Tether Manipulation Did Not Cause Bitcoin's 2017 Bull Run', longhash. Available at: https://www.longhash.com/en/news/3208/Data-Analysis:-Tether-Manipulation-Did-Not-Cause-Bitcoin%27s-2017-Bull-Run (accessed 17 October 2020)

7 'In re Tether and Bitfinex Crypto Asset Litigation [2020] Case 1:19-cv-09236-KPF' (United States District Court Southern District of New York). Available at: https://www.courtlistener.com/recap/gov.uscourts.nysd.524076/gov. uscourts.nysd.524076.110.0.pdf (accessed 2 February 2021)

8 Courts.state.ny.us, 2020, 'Matter of James v iFinex Inc. (2020 NY Slip Op 03880)'. Available at: http://www.courts.state.ny.us/reporter/3dseries/2020/2020_03880.htm (accessed 17 October 2020)

9 Kharif, O., 2019, 'The World's Most-Used Cryptocurrency Isn't Bitcoin', Bloomberg.com. Available at: https://www.bloomberg.com/news/articles/2019– 10-01/tether-notbitcoin-likely-the-world-s-most-used-cryptocurrency (accessed 17 October 2020)

10 Blog.chainalysis.com, 2020, 'East Asia: Pro Traders and Stablecoins Drive World's Biggest Cryptocurrency Market'. Available at: https://blog.chainalysis.com/reports/east-asia-cryptocurrency-market-2020 (accessed 17 October 2020)

11 Dell'Erba, M., 2019, 'Stablecoins in Cryptoeconomics. From Initial Coin Offerings (ICOs) to Central Bank Digital Currencies (CBDCs)', *New York University Journal of Legislation and Public Policy*. Available at: https://ssrn.com/abstract=3385840 (accessed 2 February 2021)

12 Tamuly, B., 2018, 'Stablecoin Space to Face Storm of Disruption from ROCKZ, a Coin Backed by One of the Strongest Currencies in the World', AMBCrypto. Available at: https://ambcrypto.com/stablecoin-space-to-facestorm-of-disruption-from-rockz-a-coin-backed-by-oneof-the-strongest-currencies-in-the-world/ (accessed 17 October 2020)

13 Sams, R., 2015, 'A Note on Cryptocurrency Stabilisation: Seigniorage Shares', 2nd version. Available at: https://blog.bitmex.com/wp-content/uploads/2018/06/A-Noteon-Cryptocurrency-Stabilisation-Seigniorage-Shares.pdf (accessed 17 October 2020)

14 Hileman, G., 2019, 'State of Stablecoins (2019)', *SSRN Electronic Journal*. Available at: http://dx.doi.org/10.2139/ssrn.3533143 (accessed 2 February 2021)

15 Consensys, 2020, 'Defi User Research Report'. Available at: https://pages.consensys.net/codefi-def-user-researchreport (accessed 17 October 2020)

16 In fact something similar, although not existentially catastrophic, happened in March 2020. When the novel coronavirus crisis sent the prices of cryptocurrencies tumbling vertiginously, several Ether-filled Vaults on Maker DAO suddenly became under-collateralised. But with the whole Ethereum network in disarray as people scrambled to cash out their crypto savings, many of the liquidating auctions ended up with a single bidder – who offered exactly zero Dai in exchange for a lot of Ether, and won the auction. (A lawsuit against Maker DAO's Maker Foundation followed.)

第五章　天秤幣

1 Statista, 2020, 'Number of Blockchain Wallets 2020', Statista. Available at: https://www.statista.com/statistics/647374/worldwide-blockchain-wallet-users/(accessed 17 October 2020)

2 See: https://webcache.googleusercontent.com/search?q=c ache:5WEB0hMcU5cJ: https://twitter.com/musalbas/status /1143629828551270401%3Flang%3Den+&cd=2&hl=en&ct=clnk&gl=uk

3 Tang, F., 2019, 'Will China Be Forced to Develop Its Own Cryptocurrency in Response to Libra?', *South China Morning Post*. Available at: https://www.scmp.com/economy/

chinaeconomy/article/3017716/facebooks-libra-forcing-chinastep-plans-its-own (accessed 17 October 2020)

4 See: https://web.archive.org/web/20201017192854/ https://twitter.com/realDonaldTrump/status/1149472284702208000

5 Pistor, K., 2019, 'Facebook's Libra Must Be Stopped –Katharina Pistor', Social Europe. Available at: https://www.socialeurope.eu/facebooks-libra-must-be-stopped (accessed 17 October 2020)

6 Greeley, B., 2019, 'Facebook's Libra Currency Is Wake-Up Call for Central Banks', *Financial Times*. Available at: https://www.ft.com/content/6960c7a4-f313-11e9-b018-3ef8794b17c6 (accessed 17 October 2020)

7 Bank for International Settlements, 2020, 'Impending Arrival – A Sequel to the Survey on Central Bank Digital Currency', BIS Papers No. 107. Available at: https://www.bis.org/publ/bppdf/bispap107.pdf (accessed 17 October 2020)

8 Bank of England, 2020, 'Central Bank Digital Currency: Opportunities, Challenges and Design'. Available at: https://www.bankofengland.co.uk/paper/2020/centralbank- digital-currency-opportunities-challengesand-design-discussion-paper (accessed 17 October 2020)

9 Financial Action Task Force (FATF), 2020, 'FATF Report to the G20 Finance Ministers and

Central Bank Governors on So-Called Stablecoins'. Available at: https://www.fatf-gafi.org/media/fatf/documents/recommendations/Virtual-Assets-FATF-Report-G20-So-Called-Stablecoins.pdf (accessed 17 October 2020)

10 Tran, H. and Matthews, B., 2020, 'China's Digital Currency Electronic Payment Project Reveals the Good and the Bad of Central Bank Digital Currencies – Atlantic Council', Atlantic Council. Available at: https://www.atlanticcouncil. org/blogs/new-atlanticist/chinas-digital-currencyelectronic-payment-project-reveals-the-good-andthe-bad-of-central-bank-digital-currencies/ (accessed 17 October 2020)

結語　加密交易平台

1 Brown, G., 2020, 'Bitcoin: The UK and US Are Clamping Down on Crypto Trading –Here's Why It's Not Yet a Big Deal', *The Conversation*. Available at: https://theconversation.com/bitcoin-the-uk-and-us-are-clampingdown-on-crypto-trading-heres-why-its-not-yet-a-bigdeal-147775 (accessed 17 October 2020)

2 Chainalysis (2020) *Investigating the Cryptocurrency Networks Funding Domestic Extremism* available at https://go.chainalysis.com/domestic-extremism-webinarrecording. html (accessed 1 February 2021)

3 Golumbia, D., *The Politics of Bitcoin: Software as rightwing extremism* (University of Minnesota Press, 2016)

4 Volpicelli, G., 2018, 'Steve Bannon Is Creating a "Deplorables" Cryptocurrency to Boost Global Populism', *WIRED UK*. Available at: https://www.wired.co.uk/article/steve-bannon-cryptocurrency-politics-token (accessed 17 October 2020)

5 Volpicelli, G., 2018, 'Amir Fought Isis in Syria, Now He's Enlisting an Army of Hacker Monks to Save Bitcoin from Itself', *WIRED UK*. Available at: https://www.wired.co.uk/article/amir-taaki-dark-wallet-cryptocurrency-bitcoinrevolution-catalonia (accessed 17 October 2020)

6 Buterin, V. and Weyl, G., 2018, 'Liberation Through Radical Decentralization', *Medium*. Available at: https://medium.com/@VitalikButerin/liberation-through-radicaldecentralization-22fc4bedc2ac (accessed 17 October 2020)

7 2019, 'Blockchain & Radicalxchange Communities: Better Together' [image]. Available at: https://www.youtube.com/watch?time_continue=89&v=ohL9258CEY4&feature=e mb_logo (accessed 17 October 2020)

中英名詞對照

人物

一至十畫

J・R・韋列特　J. R. Willett
大衛・休姆　David Chaum
中本聰　Satoshi Nakamoto
丹尼爾・拉利美　Daniel Larimer
巴拉克・歐巴馬　Barack Obama
加文・伍德　Gavin Wood
加里波底　Garibaldi
卡米拉・魯索　Camila Russo
卡爾・弗洛施　Karl Floersch
尼克・薩博　Nick Szabo
布羅克・皮爾斯　Brock Pierce
弗里德里希・馮・哈耶克　Friedrich von Hayek
弗拉德・贊菲爾　Vlad Zamfir
安吉拉・沃爾奇　Angela Walch
安德魯・米勒　Andrew Miller
朱利安・阿桑奇　Julian Assange
艾敏・岡・瑟爾　Emin Gün Sirer
西蒙　Simon
克里斯托夫・詹茨施　Christoph Jentzsch
亞倫・賴特　Aaron Wright
亞當・貝克　Adam Back
亞歷克斯・範・得・桑德　Alex Van de Sande

佩里・E・梅茨格　Perry E. Metzger
彼得・托德　Peter Todd
阿卜杜拉・奧賈蘭　Abdullah Öcalan
阿米爾・塔基　Amir Taaki
阿利斯泰爾・達林　Alistair Darling
雨果・貝內代提　Hugo Benedetti
哈爾・芬尼　Hal Finney
約翰・提托　John Titor
約翰・奧利佛　John Oliver
倫納德・科斯托維茨基　Leonard Kostovetsky
唐納・川普　Donald Trump
埃里克・休斯　Eric Hughes
埃隆・馬斯克　Elon Musk
馬克・伯內格　Marc Bernegger
馬克・柯林斯雷克托　Marc CollinsRector
馬克・祖克柏　Mark Zuckerberg

十一畫以上

匿名者Q　Qanon
理查・斯托曼　Richard Stallman
理查・斯賓塞　Richard Spencer
麥克・梅內利　Michael Mainelli
傑弗瑞・威爾克　Jeffrey Wilcke
傑伊・克萊頓　Jay Clayton
傑米・伯克　Jamie Burke
傑米・戴蒙　Jamie Dimon
勞倫斯・萊西格　Lawrence Lessig

喬・拜登　Joe Biden

提摩太・梅伊　Timothy May

斯蒂芬・K・班農　Stephen K. Bannon

斯蒂芬・圖爾　Stephan Tual

普利馬維拉・得・菲利皮　Primavera De Filippi

菲奧倫佐・曼加涅羅　Fiorenzo Manganiello

奧威爾式　Orwellian

愛德華・斯諾登　Edward Snowden

溫克沃斯兄弟　Winklevoss

賈亞・克拉拉・布雷克　Jaya Klara Brekke

瑪格麗特・柴契爾　Margaret Thatcher

維塔利克・布特林　Vitalik Buterin

戴維　Wei Dai

邁可・諾沃格拉茨　Michael Novogratz

邁克・赫恩　Mike Hearn

羅傑・威爾　Roger Ver

羅斯・烏布利希　Ross Ulbricht

加密貨幣專有名詞

一至十畫

DAO代幣　DAO token

ERC20代幣　ERC20 token

大零幣　Zcash

子節點　subset of node

工作量證明　proof-of-work

公開金鑰加密電子郵件　public-key

cryptography email
公鑰　public key
分叉　forking
天秤幣　Libra
天網　Skynet
支付公司　payment companies
比特幣　Bitcoin
比特幣現金　Bitcoin Cash
比特幣極端主義者　Bitcoin maximalist
以太坊　Ethereum
以太坊經典　Ethereum Classic
以太虛擬機　Ethereum Virtual Machine
以太幣　Ether
加密技術　cryptography

加密法西斯主義　crypto-fascist
加密貨幣交易平台　cryptocurrency exchange
加密無政府狀態　crypto-anarchy
加密電子郵件　encrypted email
去中介化　disintermediation
去中心化　decentralisation
去中心化自治公司　Decentralised Autonomous Corporation（DAC）
古靈幣　Grin
只能使用一次的隨機數字　nonce
交易紀錄　transaction log
名幣　Namecoin
安全認證系統　secure credential system

百分之五十一的攻擊　51% attack
位元　bit
冷儲存　cold-storage
私鑰　private key
協議層　protocol layer
垃圾幣　shitcoin
長尾（理論）　long-tail
門羅幣　Monero
非挖礦性質的完整節點　non-mining full node
後端　back-end
指令代碼　instructional code
挖礦節點　mining node
流動性挖礦　Yield farming
首次代幣發行　ICO
迷因　meme
迷你貨幣　mini-currency
泰達金幣　Tether Gold
泰達幣　Tether
託管錢包　custodial wallet

十一畫以上

匿名郵件轉寄程式　Anonymous remailer
匿名電子貨幣　anonymous digital cash
匿名網路　anonymous network
區塊　block
域名系統　Domain Name System
彩色幣　coloured coin

眾包網站　crowdsourced website
第三方實體　third-party entity
軟分叉　soft fork
軟體協定　software protocol
單點故障　single point of failure
媒體集團　media conglomerate
無用以太坊代幣　Useless Ethereum Token
硬分叉　hard fork
絲路　silk road
萊特幣　Litecoin
郵件討論群　mailing list
集中化　centralisation
節點　node
萬事達幣　Mastercoin

隔離見證　SegWit
預言機　oracle
預挖　premine
維卡幣　OneCoin
網飛　Netflix
網路空間　cyberspace
網路錢包　online wallet
撲克籌碼　poker chip
數位字列　string of digits
數位娛樂網　Digital Entertainment Network
數位權狀　digital title-deed
線上市場　online market
線上遊戲娛樂網　Internet Gaming

Entertainment
編程副程式　programming subroutine
機器學習技術　machine-learning technique
優良保密協定　Pretty Good Privacy(PGP)
環景監獄　panopticon
總賬　ledger
聰　satoshi
點對點　peer-to-peer
雜湊函數　hash function
離岸人民幣　offshore Chinese yuan
穩定幣　stablecoin
識別碼　identifier
礦工　miner
礦工費　gas
礦池　mining pool
權益證明　proof-of-stake
驗證者　validator

機構

分布式自治組織　Decentralised Autonomous Organisation
巴克萊銀行　Barclays
日內瓦商學院　Geneva Business School
以太坊基金會　Ethereum Foundation
伊利諾大學　University of Illinois
安永會計師事務所　Ernst & Young
杜倫大學　University of Durham

波士頓大學　Boston University
波士頓學院　Boston College
芝加哥選擇權交易所　Chicago Board Options Exchange
美國國家安全局　NSA
美國證券交易委員會　US Securities and Exchange Commission
美聯儲　Federal Reserve
英特爾　intel
英國王家學會　Royal Society
格雷舍姆學院　Gresham College
桑坦德銀行　Santander
泰達有限公司　Tether Limited
泰達國際有限公司　Tether International Limited
紐約上訴法院　New York appeals court
國際結算銀行　Bank for International Settlements
康乃爾大學　Cornell University
勞埃德銀行　Lloyds
彭博社　Bloomberg
聖瑪莉大學　St Mary's University
葉史瓦大學　Yeshiva University
對等網路基金會　P2P Foundation
德克薩斯大學奧斯汀分校　University of Texas at Austin
摩根大通　JPMorgan
羅賓漢團隊　Robin Hood Group

蘇格蘭皇家銀行 Royal Bank of Scotland

書籍和媒體

《大西洋雜誌》 *The Atlantic magazine*

〈引導分布式自治公司〉 *Bootstrapping a Decentralized Autonomous Corporation*

《比特幣白皮書》 *Bitcoin White Paper*

《比特幣雜誌》 *Bitcoin Magazine*

《加密無政府主義者宣言》 *The Crypto Anarchist Manifesto*

《金融時報》 *Financial Times*

《泰晤士報》 *The Times*

《第一公子》 *First Kid*

《貨幣去國有化》 *Denationalisation of Money*

《野鴨變鳳凰》 *The Mighty Ducks*

《富比世》 *Forbes*

《無限機器》 The Infinite Machine

《實現自動化管理的去中心化自治組織》 *Decentralized autonomous organisation to automate governance*

《密碼龐克宣言》 *A Cypherpunk Manifesto*

《魔戒》三部曲 *The Lord of the Rings trilogy*

《魔鬼終結者》 *The Terminator*

《魔獸世界》 *World of Warcraft*

其他

一至十畫

「一幣多付」的問題　double-spending problem
二級市場　secondary market
中央銀行數位貨幣　Central Bank Digital Currency
公正第三人　trusted third party
天堂文件　Paradise Papers
日日攻擊　The Daily Stormer
比特幣論壇　Bitcointalk
火人祭　Burning Man
加密技術的法律　lex cryptographica
去中心化金融　Decentralised Finance (DeFi)
另類右派　alt right
合成衍生品　synthetic derivative
合併的集體訴訟　consolidated class action lawsuit
自動化的　automatist
自然語言　natural language
使命表述　mission statement
金本位　gold standard
客戶身分審查　know-your-customer regulation
英國脫歐運動　Brexit campaign
風險投資基金　venture-capital (VC) fund
首次公開募股　Initial Public Offering

夏洛茨維爾　Charlottesville

十一畫以上

貨幣信用理論　credit theory of money
貨幣商品理論　commodity theory of money
貨幣單位　unit of currency
通貨緊縮　deflation
通貨膨脹　inflation
通資官　Communications Officer
智慧鎖屏　smart lock
開放原始碼促進會　open-source initiatives
開曼群島　Cayman Islands
奧地利經濟學派　Austrian School of economics
群眾集資　crowdfunder
聖安東尼奧　San Antonio
預測市場　prediction market
數位貨幣電子支付　Digital Currency Electronic Payment (DCEP)
標準普爾 500 指數　S&P 500
機構投資者　institutional investor
舊金山灣區　San Francisco Bay area
羅賈瓦　Rojava
證券型代幣發行　Security Token Offerings
蘇黎世　Zurich

CRYPTOCURRENCY: How Digital Money Could Transform Finance

First published as CRYPTOCURRENCY (WIRED GUIDES) in 2021 by Random House Business, an imprint of Cornerstone. Cornerstone is part of the Penguin Random House group of companies.
This edition arranged with Cornerstone a division of The Random House Group Limited through BIG APPLE AGENCY, INC., LABUAN, MALAYSIA.

加密貨幣的政治與經濟

比特幣、以太坊、穩定幣和臉書幣將如何改變全球金融系統

作者　吉安・沃爾皮切利（Gian Volpicelli）
譯者　翁尚均
審定　廖麗凱
主編　劉偉嘉
校對　魏秋綢
排版　謝宜欣
封面　萬勝安
社長　郭重興
發行人兼出版總監　曾大福
出版　真文化／遠足文化事業股份有限公司
發行　遠足文化事業股份有限公司
地址　231 新北市新店區民權路 108 之 2 號 9 樓
電話　02-22181417
傳真　02-22181009
Email　service@bookrep.com.tw
郵撥帳號　19504465 遠足文化事業股份有限公司
客服專線　0800221029
法律顧問　華陽國際專利商標事務所　蘇文生律師
印刷　成陽印刷股份有限公司
初版　2021 年 11 月
定價　350 元
ISBN　978-986-06783-3-8

歡迎團體訂購，另有優惠，請洽業務部 (02)22181-1417 分機 1124、1135

國家圖書館出版品預行編目 (CIP) 資料

加密貨幣的政治與經濟：比特幣、以太坊、穩定幣和臉書幣將如何改變全球金融系統／吉安・沃爾皮切利著；翁尚均譯 . -- 初版 . -- 新北市：真文化出版，遠足文化事業股份有限公司發行，2021.11
面；公分 --（認真職場；16）
譯自：Cryptocurrency : how digital money could transform finance.
ISBN 978-986-06783-3-8（平裝）
1. 電子貨幣 2. 電子商務
563.146　110016727